《寓見太極》一書，弘揚倡導養生太極拳，「蓮花上的舞蹈」至善、至柔、至剛之精神，深入淺出詮釋了勁道和氣機的運化，同時融入禪門調心不共竅訣，既修身佑修心。若能細心品味研習，定能覺知受用。

翟維傳

寓見太極

謝作松 著

博客思出版社

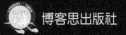

▼西隱前景天色

▲西隱寺全景

▲玉蒼山西隱寺禪修院

武禹囊，名河清，字禹囊（一八一二～一八八〇），號廉泉，清代直隸廣平府人，望族出身，精研究竟太極拳，捨世間名利仕途，遺留文獻為出身太極國術圭臬之經典，後輩尊其為武式太極拳的悟創者。

廣府大家
武道師範
太極造化
神明涵照
真氣培元
圭臬教言
百世經典
安養修身
中和圓融

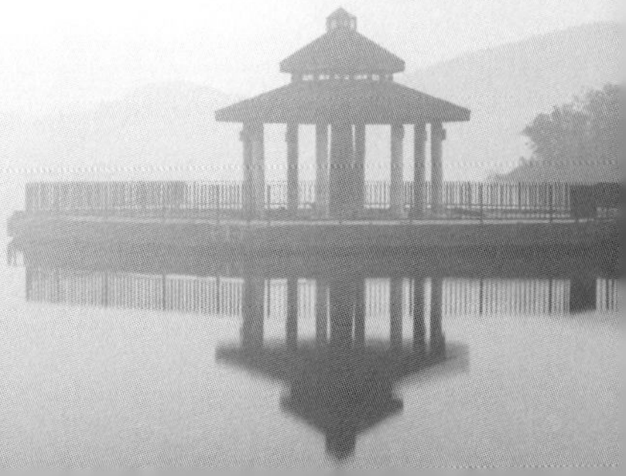

▲作者與武式太極拳翟維傳

▲作者與武式太極拳鐘振山

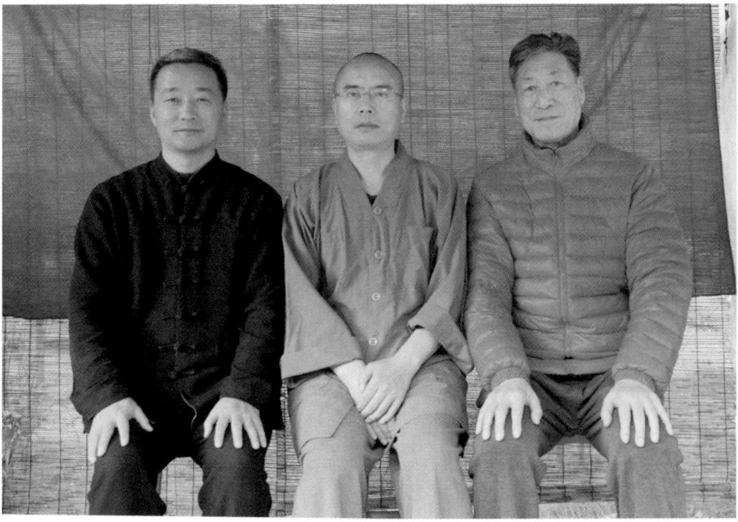

▲作者與吳式太極拳周中福（左）形意拳葛茂康（右）

▲作者與楊式太極拳第五代傳人宋玉鵬

▲作者與陳式太極拳鄭冬霞

▲作者與武式太極拳王艷萍（中）方圓電子音像出版社楊春暉

谷稻天然
素香淨心
舌尖護生
悲願周遍

▲谷稻素香－汪洁

大眾養生修身太極，尚武精神重塑民族之魂，

增勝民族凝聚力，復興「中國夢」。

前言

為了探究太極拳內家功夫之原理，正確引導大眾化養生思想理念的轉型，使之真正達成安心修身的效果，《寓見太極》一書從經絡穴位、耳根聞性禪修、周天吐納等視角，深入淺出地闡明太極拳身法與氣機的原理和技巧，旨在實現太極拳為可操作實用型的養生安心之道用。

本書核心：推崇並強調太極拳從虛靈中求證，調心氣為本，養生修身為用，守護平常心無爭無勇無畏，放空自我中和隨順善待。

從技術上看，鎖定經絡穴位濃縮身體為幾處機要點，易放空形體上的自我，弓步固勁合胯生根，尾閭前送坐後胯背靠，耳根聽勁眉心放空，小指尖領氣虛實開合走化，易固守內在精神氣，並用耳根反聞心性聽勁主導走架。

一路走來，後學尋師問道多家參學，探究太極養生之道，謹慎細行觀心靜慮抉擇，獨幽淨處揣摩深入體驗，總結心得方法後又請前輩能者鑒定，得到了武式太極拳傳人翟維傳、鐘振山等前輩的默契認可，同時上海形意拳名家葛茂康、吳式太極拳周中福老師也對此深表贊同。

書中譬喻寓言僅為說理方便，文辭造句邏輯規則欠妥，是是而非非，非非而是是，不關遣詞造句，傳遞太極拳真趣禪意，不訓詁考據，通俗隨筆雜談，盡一家之愚見心思。難盡心意，恐有出處誤人，留弊過患，乞望智者能者，不吝垂護賜教，細細品鑒體驗，指歸正位，造化師範後輩。

從書稿初始至成書面世，個中艱辛不為外人所知，出版社校對審稿，用心真切，令人敬畏敬仰。書中有聲讀書設置，融入播音者聲波真情流動，入耳門聽聞切近心性覺智交感，易趨真境。《寓見太極》一書面世發行，表達後學對太極拳養生之道的熱愛，同時又感念大眾習練太極拳原理實際之不易，故毫無保留地把體驗竅訣全部分享給予世人，有助太極拳修身正業，日臻完善，利國利民。

謝作松　二〇一八年十一月於浙江玉蒼山西隱寺

序一

《寓見太極》這本書的面世推廣，出發點是作者熱心感念大眾學習太極拳不易，目的是為了更好傳播太極養生之道。作者從中醫經絡角度、禪修角度細緻精准地解讀了傳統太極拳身法與氣機虛實轉化的次第關聯，為廣大太極拳愛好者提供了既直觀、又容易落實身法氣機的具體操作指導。

從核心上看，強調太極拳虛中求，調心為本，養生為用。

從技術上看，以落實經絡穴位調身放鬆為切入點，善用耳根反聞聽勁，身體鬆放鬆柔，心念放空虛靈。

體驗身體上的幾處重要穴位，如大椎穴、天宗穴、大包穴、腰眼穴、照海穴等等，把身體濃縮勾勒成幾個穴位，定點定位並且觀照放空，在體、面上化為幾點，簡化簡明進行氣機運化走架，有效地幫助練習者從形體上較快地掌控，從而進入鬆放鬆空狀態。

耳根反聞是利用禪修的方法進行心氣心念的放空，摒棄雜念，耳根反聞微調氣機聽勁，比起傳統意識主導聽勁來得直接靈動無阻礙。

作者謹慎細行，除了在自己身上反覆揣摩深入解讀，還找太極拳多年習修者進行實踐體驗。曾受邀會面交流，體驗耳根聽勁妙用，確實有不同身知覺受。為了讓廣大讀者共用交流，故作序文一篇。

鐘振山　二〇一八年十一月二十一日於北京

序二

太極文化的歷史超過太極拳的歷史，其哲學思想通過太極拳這個載體得到體現和發揚，從而使太極拳自身的文化價值得到提升，超越了搏擊這個範疇的意義，更服務於生命修造的核心需求，為社會的和諧發展提供了有效途徑。

作者認為太極拳的出路在於身心淨化，在拳架習練過程中，通過中和氣機的「無我無畏」的心性培養，獲得愉悅和美感，讓身體和品性得到更深切的滋養，促進人性善的層面提高和發展。

作者根據自己日常經驗和感悟，融合禪修心法，通過耳根聽勁走架，培養導引本具空靈之心性，令人入靜，心念放空，盤架時脫離「拳」字，擺脫心意中「假想敵」的糾纏，把拳架作為修煉心性導引術的工具，通過氣機的有序運行和調整，使內心更加寬和寧靜，身舒體安，養生益智，促進社會和諧，這也是太極拳習練者所追求終極的境界和靈智，作者身在禪門心系大眾，塑造「蓮花上的太極」至善、至柔、至剛太極拳的精神，是一次從禪門角度對太極拳的體驗和解讀，也是養生太極走架的創新嘗試，這種嘗試也為今後太極拳作為身心淨化的發展方向，提供了正念善意的客觀選擇。

葛茂康　周中福　二〇一八年十二月十三日於上海

目 錄 contents

氣機篇

導言

寓見知心太極行

修身正業安養心性，是傳承文明之精萃，是國人傳統美德。在文明傳承歷程中，太極拳是一顆璀璨明珠。

大眾習修太極拳法，調心和氣尚禮為本，盤架走化當靠丹田腰胯和腳根。腳下無我，如來如去。手中有我，妄念乖巧，是非作亂，所以心念當安放在腳底，行工走架。一念一當下，一步一人生。

「眼前」有我，「耳後」無我，平心看天地，自然和諧與圓融。心念遷移至背後，耳根聆聽背後天地，如空谷回音，無掛無礙，相機隨緣，應變萬端，聞性具足圓融虛靈。故說，如何安其心，如何練其拳。心安腳底，「物我」兩空，如水至善，中正平圓守真常。心安背後，退一步海闊天空。如是安心太極拳走化，無我無爭，無求無畏。

脊背是中樞神經的通道，生命的健康取決於脊背的氣機，練太極，當要脊背用功辦道。生命自從地球上，爬行直立之際，胯托起太陽和月亮的天地，腳是根本，故說腳下氣機強化，是生命安養的支柱，當要在腳下後根處和脊背處習練觀心知心太極行。腳下生根勁道周身一家，立足腳根豎起脊，為人中道和氣並沉穩，易放空自我傲慢與嗔恨。脊背腳下太極行，胸懷天下，同體大悲，海闊天空，所以我們要把思想架構，定位如理如法。

太極拳不是看前「吞併」，而是後退「背靠」，是包容善待的拳術，是作揖的禮尚，是自我心氣平衡。我們練太極，形在前，意在後，上虛下實，心安放，同大地一體心性舞蹈，同背後世界舞蹈，同腳下世界舞蹈。如是思維如是行，習修太極拳，「物我」內外境一體，心平氣和，涵養迴光返照，心處悠然，中和圓融。

背後不長「我執」的眼睛，從來不觀照鏡子，看背後世界，因為背後放空了一切，背後無我無掛礙，我們要定位觀修習練脊背太極。走路之際不會盯著腳下看世界，總是向前看，因腳下無我，天工造化本來如是。

安心腳下，安心背後，如來如去，如夢如幻，太極行如蓮花上的舞蹈。如果胳膊和手越界膝蓋弓步固勁空間，定能出生自我意識，因此練太極拳時，定要在膝蓋的範圍內即無我無爭之空間，放空妄念，無我無爭行功走化。前面的一舉一動，牽引脊背的氣機；腳下的虛實開合，啟動丹田的氣機潛化。丹田是長生滋養的法源，養生不離丹田。丹田氣機是無限的，我們用無限的氣機來滋養有限的生命，定要觀照培元丹田之命氣。

腳下氣機切勿從心口直衝，緩緩從脊背昇華上傳。如果從心口上來，心率加劇不益養生，心堵自然出生自我意識，心氣不順，人易怒。氣機從脊背上到大椎，暖樂安然。身體發冷，脊背無依之感受，若暖樂，心便安然，所以練太極當要在脊背上習修鍛煉太極拳。

脊背全身是氣機聚會處，督脈、膀胱經、手三陽經、足三陽經均在大椎穴交匯。走架運化，留守大椎天宗及腰眼穴，經絡要穴具神機，勾勒脊背太極拳圖。

眼前不論天地是非，終究是鏡子世界的幻影，總是帶來煩惱不安、恩怨愛恨、親疏流離。覺悟人生太極行，不要迷惑鏡中幻境，當從鏡子中走出脫落，平心日常自主自立，不要成為鏡子幻影的奴僕，不要讓鏡子主宰命運。耳後無我真安住，聞性虛明，應聲無住，萬法一味，安然休養。

腳跟推動胯，胯推動肩，進行太極舞蹈。上盤如天青虛空，放下無掛，隨和隨從；下盤如大地沉穩，承載一切，虛實運化。腳根勁上湧氣機勁道，胯根驅動上盤合一。腳根陰蹺穴一動，軀幹整體內外運化，若上盤無根即妄動，無益安養，觀注腳下後跟勁行工走架，即是真太極。

習練太極拳，定要依腳根勁，推動丹田命門氣機運化培元真氣，修身安養。

丹田命門吐納運化，是先天養生道炁之機關，滋養後天的生命，是太極拳養生的核心思想，而非暗示教授格鬥爭勇之行。

太極陰陽哲理，是宇宙人生渾圓同體的智慧思想，也是精神信念，從遠古的時空，天使般的走來，融入身心與虛空法界，覺醒之際，相應相照，相隨相伴，重塑人生和諧之美，一路走來，一路蓮花，善護心念，無我天真，太極人生妙吉祥！

釋傳宗

二〇一九年五日二十三日

於玉蒼山西隱寺

勁道篇

體悟一

太極拳是動態思想哲學的藝術，傳遞著聖人的智慧靈光，是至善、至柔、至剛的舞蹈，是調心、明心、安心的通道和妙用。

一、站樁的根本在於內圈的放鬆

◆練太極拳要展現體用的關係，體是虛勁，表現出來爲虛腿的暗勁。太極拳是從虛中求，它的明勁從虛勁中產生。

身體外圈的鬆有別於懈，外圈屬於實、屬於陽，是不能懈的。內圈的鬆稱之為虛，有橫圓開張之意。虛是整勁的母體，有了虛才有實勁的產生和實勁的用。實勁是明勁道，屬於外圈，有合之意。真正的功夫在於內圈，所表現出來的是涵養、是圓活、是整體、是根本。

站樁是為了更好地調整虛實關係，調整體用之間的關係，況且虛不是整體的虛，鬆也不是整體的放鬆，是屬於陰經脈、內圈的部分。意氣要鬆沉至照海穴，體現上虛下實之意。放鬆時眉間拓展，脖子鬆柔，下頜內收使心氣鬆沉，小腹鬆空；同時含胸，目的是為了兩肋更好地打開，護肫令內在胸腔舒展，腋下放空撐開，如是行中丹田的氣機自然鬆沉，從而心平氣和。心氣合下丹田歸照海穴而生根。氣機要接地氣，地氣是外五行的氣機。所以放鬆、放空、柔化，是為了更好兌現內外氣機的虛融中和，實現人體氣機與大地氣機、小宇宙氣機與大宇宙氣機的大統一。站樁的根本是讓三焦氣機中和，讓虛實整體互根轉化。因此樁功是在靜態中意念氣機的運化疏導，即隱形太極走架。

練太極拳要展現體用關係，體是虛勁，具體表現出來是虛腿的暗勁。太極走架從虛中求，太極拳的明勁從虛勁中產生。站樁更要去感受內圈微勁道的影響，而外圈保任自然。只要內圈虛了，外圈自然就不會鬆懈，一旦碰觸外來的壓力，自然會產生彈發。正如充氣的輪胎，沒有碰觸之時，不能確定輪胎的勁道在哪個點上起作用，當某個點受到撞擊時，勁道俱生轉化。

站樁的目的是為了更好地獲得如「輪胎」原理的整勁和靈動，氣機與輪胎受力點達成一片。站樁所表現出來的特點是全身的氣機無處不對拉、無處不虛實、無處不中和。日子久了，站樁能很好地兌現虛實轉化、體用轉化和陰陽轉化，所以是養生太極的一種妙用。

站樁時，雙手合抱與胸口膻中穴相平的位置，手臂有內開外合之意，並且手指和魚際處一定要放鬆，天突穴內扣。

站樁如坐在那裡休息，從心處調和，是一種安放的狀態。又如坐在那裡，裡外通體橫向拓展放空，所有的心思妄念內外境得到釋放。站樁的放鬆不僅是形體上的放鬆，更重要的是心氣的平和。為了煉達到心氣的平和，關要處是眉間要放鬆、耳垂沉墜、大包穴和兩肋鬆放，同時胯內側也要拓寬撐圓，全身的氣機自然在丹田、氣海整合統一運化，整個人鬆沉並且有上提上浮之意。

站樁時儘量讓內圈放鬆，把陰經範圍母體的氣機整合到位，這是最根本的，也是最微妙的。

樁功在整體運化觀想後，心氣通達照海穴，穩穩地紮根，所有的重心力點用後腳跟撐起來，同時用耳根聞性放空觀照全身幻化透明。

站樁結束後，身體慢慢合攏再放鬆，腰眼撐直，虛靈頂勁。慢慢地，重心移到右腳，手指放鬆，氣機回歸至下丹田，緩和一下進而放鬆狀態。

初學樁功，可以抱一略有重量的物體，含胸拔背、雙臂撐圓、坐腰胯、收腹。在這過程中，不斷調節放空各處筋脈關節的緊張感，用意氣調整，肢體不能亂動，細微處用耳根反聞聽勁化空。傳統用意氣主導調樁，如有線通訊定位方向；耳根主導調樁如無線通訊，是全方位共振，具有神奇的效應。

體悟二

太極拳以養生為本，貴在中和。無我無畏，萬般細行，如近水垂柳，安柔相隨，拂風任運，空閒寂靜。

二、周天運化規則在站樁中的應用

◆鬆沉丹田，不是爲了鼓氣在丹田，是爲了把丹田之氣轉化爲純陽之氣，進入命門和脊柱，從而強化脊柱與中樞神經。

練太極拳首先要學會站樁。樁功非常重要，站樁目的是為了讓身體的陰陽二氣平衡，即是金木水火土相對的五臟六腑氣機的平衡。陰陽二氣的平衡體現在身體上是身心愉悅，經絡暢通，肌肉自然鬆彈柔和。一般站樁的功法會根據身法進行選擇，比如含胸拔背、虛靈頂勁、鬆肩沉肘、坐胯、護肫撐圓、尾閭中正等等。

在站樁過程中，首先要明白身體的結構，如虛實轉化、陰陽互根、大小周天運化的規則規律，既不能像一根木頭一樣死站在那裡，也不能像一堆散沙。所謂的放鬆是順應大周天氣機的運化並相應相照。強化氣機的運化，自然能涵照培養丹田陰陽二氣之中和。站樁時身體背後是督脈純陽之氣的覆蓋面，其中大椎穴是手三陽經、足三陽經以及督脈的交匯點，是純陽之地，也是要穴。「陽」是開的，所以後背是屬於實的。督脈上升至百會穴，再通過舌尖搭鵲橋承接任脈。任脈屬於陰，是指胸部、腹部、手內側、腳內側，陰屬於虛，虛要往下鬆沉，所以要放鬆。「陽」卻是生髮開顯，「陰」是合的。站樁時定要明白這些道理，要遵循大小周天氣機走向規則，用意念進行觀照，從眉間到胸部、腹部、腋下、手內側、大腿內側、從足五里穴到照海穴。放鬆的時候，前面屬於陰經脈身體內側的覆蓋面，如手內側、腿內側、臉、五官、眉心、鼻尖、胸部、心窩、腹部、胯內側、小腿內側、膝蓋內側，讓意念橫向鬆放、鬆空、鬆沉、鬆柔，然後將意念導引至照海穴。身體外側陽的一面，比如背、手臂的外側、大腿外側，不要去動念，它是純陽之氣自然走化的覆蓋面。最放不下的是身體的前面這一部分，因為照鏡子時間久了，會慢慢形成一個「自我意識」，這個自我意識很強大，不易放空。站樁本來的規則是鬆空安放，結果自我意識糾纏不清，帶來心裡的壓力。真正的放鬆是內心的放空，身體自然就會柔和。所以站樁時要主動照顧好身體屬於陰的這一面，讓它鬆空、鬆沉、鬆柔至腳跟，然後通過湧泉穴轉化，沿著後面膀胱經上行到八髎穴、命門、腰椎、胸椎到頸椎大椎穴，從而往返無端循環。

站樁時要針對性地放鬆身體的內側，即太極拳的內圈。內圈的虛做到極致了，「實」自然就產生了。虛實是互根，因為陰陽氣機也是互根關係。氣機稱陰陽，形架稱虛實。氣機陰陽在形上體現自然產生了虛實變化。通過陰經絡去涵養，意念導引順從觀照任運如順水推舟，身心氣機比較容易達到鬆沉鬆空的效果。

站樁過程中胸部和腹部要放空，身體外圈會緊湊，因為內在的放鬆自然發生外在的合勁，身體如在空氣中被封鎖凝住，同時覺得手臂和大腿俱生勁道之感。內圈越鬆沉、越虛空，從而越能產生體外強大橫向的微勁道，充滿了無盡的氣機，神明放大，暖樂自在。

站樁要按照身法虛靈頂勁、鬆肩沉肘、吊襠裹襠、坐胯，尾閭向前推移有微托襠和丹田向上翹之意。而所謂的放鬆是屬於陰經絡範疇，這樣剛好符合大周天氣脈順時針的運化，順天理涵照培元養生之道。

體悟三

橫向放鬆，橫向展開，橫向舒張放空，
實際上這樣觀照心念意力是為十條身法裝入了靈魂；
若僅存身形卻沒有精神，那只是空殼在走架。

三、穴位在修身架太極拳中的定位作用

◆練養生太極拳，須要懂經絡、穴位；不論是站樁還是走架，都可直接調和氣機平衡，氣和心安，從而更好地養生。

練太極拳時的放鬆，不單是身體的放鬆，更重要的是心氣的平和，心念的放空，是放鬆的真實意義。心是看不見摸不著的，心和氣不分家。通過調氣，氣和平心處，上焦的氣機自然鬆沉至丹田處。心氣歸丹田，自然上虛下實。心氣一平，忘了「自我」，念頭也化空。樁功的作用是讓心中無我無雜念。如何調心？先調氣。氣如何調？根據經絡導向穴位來調和。手有三陰三陽經絡，足有三陰三陽經，還有任督奇經八脈，全身共有七百二十多個穴位。屬於純陽的穴位，主要分佈在脊背上、督脈上，確定幾處要穴，如：天宗穴、膏肓穴、大包穴、大椎穴、腰眼穴、承扶穴、血海穴等。

大椎穴是中樞神經傳輸的第一關，是手三陽、足三陽及任督的交匯，純陽之穴，勁道氣機盡到此處，再往上只能虛虛靈靈。大椎穴掌控脊柱氣機，氣足脊背自然就挺直；胸椎下來第四節處並在脊柱旁開的是膏肓穴，疾病入膏肓指的是這個穴位；兩側肩胛骨有天宗穴，這是膽經穴。脊背核心處一般是指在大椎穴、天

宗穴、膏肓穴所在的區域。只有通過練脊背太極，才能合先天八卦氣機。掤捋運化時，大多通過脊背勁道並且繞過極泉穴、大包穴來展現，該區域相當於第二個「腰胯」，有下腰胯，此稱「上腰胯」，相當於倒立行走時的腰胯，是修身養生之要地。再說中定勁道也盡在此一區域，所以要關注大椎穴、天宗穴、膏肓穴。

如果過多在腰胯命門處留意去練拳架，易把丹田氣機損耗。一切的煩惱是後天中丹田氣機作亂，要在走架過程中化空化虛，中和無為，與法則自然融和。

命門處不能長撐，唯恐真火不歸位元，但在脊背區域意氣轉化是安全的，如烏龜長壽，背部充滿了氣機。如果一個人這塊區域陽氣足，是長壽的體徵；若乾癟，人塌方老化，首先是該區域塌扁，接著腰也塌了。所以練太極拳要讓脊柱挺起。

承扶穴非常重要，這裡經過坐骨神經，站樁要靠承扶穴來支撐，正如坐在高凳上，以上屬於掤勁講解。

捋勁氣機的要穴在大包穴處。大包穴為太陰脾經，屬於中丹田。走架時垂肘牽引，肘處少海穴氣機為導引要點；少海穴鬆放，勁道具足，此處為虛。捋勁是虛勁道，虛不等於空，是最微細的氣機在轉化，順接承扶穴一坐，整體合氣合勁。

足五里穴位於腹股溝，此處若受傷，大腿就無法抬起。此處一鬆，氣機便能沉入到照海穴，腰胯自然打開鬆沉，產生上托勁道。照海穴是腳下的眼睛，是調和足厥陰肝經、足少陰腎經、足太陰脾經的總開關。膝蓋內側還有血海穴，此為足太陰脾經穴。

根據穴位氣機的軌道運行，全身便由幾處的星點勾勒成一體，虛化為幾個點聯通互動交感。

背部的大椎穴、腰眼穴、天宗穴、膏肓穴，正面的少海穴、足五里穴、血海穴、照海穴，以上這些要穴在身體上呈現氣機網路星點關係。耳朵要觀想又大又沉垂，同時觀想嘴角處微咧開連耳根，眉間自然打開，合中丹田心氣平和。

太極拳有「掤捋擠按採挒肘靠進退顧盼定」等走化勁道，對於修身架來說，每個勁道也都有其相應的穴位，緊扣這些相應穴位，能較快掌握氣機的樞紐和導引。

掤勁的要穴在於命門和腰眼穴，要多留意丹田氣機鬆沉至腳後跟；後跟內側勁道上行往返至丹田，譬如丹田是炸藥包爆炸，腳跟是導火線而啟動；氣機從丹田到命門，再由命門推動腰眼穴發佈全身，剛好一個周天循環。腰眼穴是主宰，猶如一個變壓器，可以調節氣機「電流」的大小。走掤勁時，丹田氣機微調大不易損耗；走捋暗勁時，丹田氣機調細柔，則屬於涵養。即使是練格鬥也離不開腰和命門，但習練過程中不能過多發勁。

掤勁氣機屬於陽、屬於實、屬於外圈，這個勁道是矛盾化解的勁道。捋勁的氣機，屬於陰，手三陰足三陰，是歸屬任脈。走丹田，其要穴是會陰穴，其陰陽交界地帶，處於混沌狀態，與百會穴屬於相照相吸之天地交泰。捋時氣機歸位關元穴和氣海穴，使之內氣潛轉為宜。此兩穴為丹田要穴，可以進行吐納。但會陰穴不能輕易進行吐納，動之易造成真火不歸位，易爭勇好鬥耗氣，血壓易升高，老年人可以運行吐納培元。

因此，命門要自然過渡，會陰穴也要自然過渡。

捋，屬於陰、屬於虛、屬於養、屬於合；掤，屬於陽、屬於實、屬於開，掤勁若沒有掌控好，陽氣易散亂合不住，氣亂心亂使人煩躁不安。

腰胯相當於戰場，掤捋擠按採挒肘靠進退顧盼定相當於十八般武器在腰上弄舞。但以養生為主的太極走架不能過多地在腰胯上耗，要以脊背上涵養真氣為根本。背脊上有大椎穴、膏肓穴、天宗穴，用意念氣機按摩這些穴位，調動這些穴位的潛能妙用。

掤的勁道分兩種，一個是爆發彈簧勁，或稱之為顫抖勁道；另一個是勁道是直勁，又叫中定勁道，在脊背展現。脊背第一要穴為大椎穴，是中樞神經的第一關。大椎穴是手三陽經、足三陽經和督脈氣機在這裡的純陽之地，陽氣充足才能健康長壽。大椎穴下面有個三角地，即兩側天宗穴和大椎穴之間的位置。天宗穴雖然屬於膽經，卻主管心和肺的氣機。蓄勁時天宗穴要有勁道，使胳膊和肘推動運化。大椎穴、兩側天宗穴勾勒成一個三角地，此處氣機如太極球一樣在這裡旋轉，是太極拳掤勁立圓的動力。

三角地之內還有膏肓穴，通過此穴可以祛除身體深處的濕氣，如心臟的濕氣。背脊兩側的膏肓穴和大椎穴形成內小三角地，此內外兩個三角地域，是中定勁道氣機立圓轉化的要處，是「脊背太極」的內涵。形意拳也依此脊背力量的爆發。

練太極拳，若忘了脊背，就類似廣播體操。太極養生的根本在脊背，不然背道而馳。太極拳修身架的核心在脊背，功夫架的核心在腰胯。

掤的兩個勁道，首先是中定勁道在脊背，重點在大椎穴、天宗穴、膏肓穴，合成內外三角區域。太極走架時形在前，意在後，氣機、勁道、心意三者立體渾圓對拉，如輪胎內氣潛轉無處不對拉。於是自然形成含胸拔背氣機掤圓之勁道。另一個勁道在腰胯，以命門腰眼為主，還有承扶穴，是膀胱經要穴在臀部和大腿的橫紋線處，掤勁走化只要管好以上穴位，氣機便能歸位啟用，滿貫全身。

掤捋勁道是根本，是陰陽氣機運化之根本展現。擠按是演化產生。捋，屬於陰、屬於虛，對應的穴位首先在於大包穴。所謂護肫，是調節大包穴氣機，大包穴在形意八卦拳中也是極其重要的。第二個穴位是肘部的少海穴，是心包經的一個穴位。第三個穴位是任脈的穴位——中庭穴，含胸平心氣。第四個穴位是丹田。第五個穴位是足五里穴，足五里穴一坐合腰胯產生捋勁。第六個穴位是照海穴，合虛要合到照海穴，氣機自然通達至湧泉，進行陽氣的轉化。湧泉穴是至陰穴，只要關注照海穴，便可以掌控腳下所有氣機的運化。

「腳下太極」，開關在於照海穴；「脊背太極」，開關在於大椎穴。太極走架時，當練脊背太極和腳下太極，這是天地之合。至於腰胯，那是通道自然牽引帶動。丹田不用刻意去練，也會產生培養先天氣機，對初學太極拳僅此要求。

筆者按照自己以往禪坐所產生氣機覺受的方法，不斷地融合、豐富深化修養身心的內涵。平時站樁只管「陰」經絡氣機。陰是母體，陰氣降陽氣升；陰是根，內圈放鬆，陰經導引向下歸丹田。

內圈最直接的掌控在於鼻息，觀照呼吸。站樁時念頭放空，念頭雜氣機不中和。想要心念放空，鼻處得無聲息，心氣易平靜。如有人心裡妄念多，把鼻一捏，念頭脫落。所以在站樁的時候要掌控鼻息，呼吸時不能聽到聲音，要微細、綿長、深沉如抽絲，眉間放鬆，心頭清明坦然、自然、本然、安然。

身體的放鬆，先要大包穴放鬆，同時少海穴、少衝穴、魚際也要放鬆合住，內在的氣機自然發生。這幾處穴位放鬆觀照，兩臂胳膊就會鬆放了。中指、食指、無名指，這三個指頭是「奴才」，大拇指是龍頭，小指是龍尾，這兩個一動，其他的全部聽指揮。龍頭要抓住，小指領勁旋轉推掌，回來時兩魚際合攏。如果用中指領勁，勁道過大，心口會有壓力感。切記掤時走小圈為立圓，捋時走大圈為平圓。捋的要穴是大包穴、中庭穴、足五里穴、照海穴。太極拳真正的功夫全在捋上運化，但有掤之意，捋勁的功夫全在虛靈中求。

生命有兩重性，一方面是現代醫學範圍看得見的層面，另一方面是看不見的經絡穴位層面。從經絡、氣機的層面上去揣摩太極拳，可從深處去培養生命的氣機，這是真正意義上的修身太極，因此學習太極拳要找到「虛太極」的內涵，這是必要的

什麼是虛太極？

兩條腿，分陰陽、分虛實。大多數人在走架過程中，虛腿如牛尾順便帶動，留意實腿卻忽略虛腿的奧妙。實腿若沒有虛腿的根，實腿就成了「死」腿。所以說虛腿是「眼睛」，具足靈機；實腿是「跑腿」。太極拳的虛腿是「主人」，是探路，實腿是跟隨使勁。但很多人在走架時，卻是實腿占主導，本末倒置。

虛腿勁道如何練？

整個太極走架中有三分之二屬於虛，只有三分之一屬於實。虛與實的勁道從重心上形體走架分三七、四六進行氣機轉化。從陰陽氣脈來調，陽經為明勁之根，

陰經為暗勁之根。修身養生太極以陰經暗勁為根本，易趨虛靈神明。

走架過程中，人的覺受觀照如水、如空氣、如光影，悠閒自在，平常心在啟用。太極拳應該是自然無為的太極。所謂的「中和」，是矛盾中和、人拳中和、天地中和，因此，太極的思想是中庸、無為、中道的思想。

擠的要穴有大包穴和天宗穴，這兩個穴位一陰一陽，共同起作用。採也是同樣的道理，也是要關注此處穴位。

武式太極拳的一個核心是脊柱，正如一間房子，有頂樑柱安在，不易塌倒。要先找到這根柱子，再找到陰陽平衡，回歸嬰兒狀態。

由此可見，無論是站樁還是走架，都要依穴位融介經絡氣機，從而更好地養生，開發智慧。

體悟四

太極氣機運化的根本心要為中丹田同下丹田二氣天地交泰，生機萬象，即大包穴同丹田開合潛轉吐納。

四、大包穴與足五里穴的合可以實現中丹田與下丹田的交泰

◆中丹田和下丹田的氣機交換潛轉，表現出來的是大包穴和足五里的相照相吸並互動轉化。

氣機和勁道是緊密相關的，如若輪胎沒有氣，則表現不出運轉的勁道。有彈性的力叫勁道。力是物體機械碰撞發生的，沒有辦法吞併和負載。勁道彈性從哪裡來？是勁和氣機達成一片，便有彈性了。太極拳在走架過程中掌握好了氣機，自然流露出勁道，勁道依氣機而產生。太極拳形在外，氣機在內，特別強調內氣潛轉。氣是由意念發生，所以意是有規則的。氣是隱形的勁道。如何調配氣機？主要的氣機在哪裡？是在中丹田和下丹田兩個地方潛轉，相互斡旋。

中丹田後天氣機是為用，下丹田氣機是先天為體。走架過程時如何運化體用？借助大包穴和足五里穴交叉相會，有利於推動意氣圈的旋轉，使得中丹田和下丹田的氣機鼓盪強化，不必依靠過多肢體動作牽引，如坐腕轉胯這種外形支配。因為形大奪勁，勁大奪氣，氣大奪意，意大則亂心。太極拳氣機在穴位上是由大包穴和足五里穴的拉扣、相合、旋轉、相吸，表現在外形上是小三合，即肩與胯合、肘與大包合、手掌與膝合，整個走架離不開這個大綱，這是至關重要的，有

別低架外三合。

上身與下身的合，是大包穴與足五里穴的氣機合，也是中丹田和下丹田的天地交泰，能達到養生的效果，所以，在走架過程中定要橫向撐圓、外合內開。胳膊外側撐圓如抱球，裡面要放空。撐圓目的是讓大包穴打開，胸腔拉開，上丹田中氣自然鬆沉歸籠下丹田。如胸腹折疊，不必做胸腹的大幅度折疊，緊扣大包穴和足五里穴合住便能實現。當感覺大包穴氣機不到位時，可以用小指領勁撩動向上，自然會導引大包穴的氣機和勁道。若足五里穴的感覺找不到，依照海穴的氣機運化。照海穴的氣機體現出來的是暗勁，若用腳大拇指一點地，照海穴的氣機俱生導引向上至足五里穴，並且啟動大包穴運化。

太極拳講究上虛下實。虛不是指空蕩蕩的，虛是指心口濁氣沉降下丹田，化為靈機神明。所以說，上虛是指心平氣和。下丹田氣機潛轉充滿叫實，表現出來是腳下有根，自然就挺起脊背，從而神明出生，心胸開闊，即老子的「虛其心，實其腹」的寫照。

在技術方面，中丹田和下丹田氣機的交換潛轉，經驗是大包穴和足五里穴的對接拉扣契和。在具體走架過程中，是靠肘和膝蓋的雙運互動以及腳大拇指的暗勁傳遞。暗勁傳遞的氣機是最綿、最柔、最長、最細。明勁道只是局部的，暗勁道是很微妙整體的，是虛靈空明，所以太極的功夫從虛靈中求。

太極走架過程中表現出來的細、綿、柔、安、和、淨、明這七個字，是細行淨心流露、導引氣機、裡外通透、身知和心知不二。

體悟五

太極之架是拳術，流露的是為人之道，心處無我，中正平圓，矛盾化空，粘黏相隨，不丟不頂，無我無畏，不爭不勇，同體虛融，和諧一家。

五、脊柱在推動走化走架

◆從《黃帝內經》解讀生命，肯定生命自身不共的價值，認識內在的「神氣」，自然本然地遵循生命規律運化。太極拳習練之時，也應建立在這個「神氣」的層面上，正念、正思維地觀照運化，放空智見和人生所謂的定解，立足腳根豎起脊，拓寬眼界放平心。

站樁時脊背要放鬆。為了使脊柱具足強大的氣機，依靠腰胯鬆沉，讓腳跟的氣機反彈傳遞至丹田，先觀想意念丹田氣機啟動鬆沉到照海穴，順接照海穴反衝導向，如丹田是炸藥包，腳跟是導火線，一燃就爆炸，氣機放大貫穿上傳發佈全身。

鬆沉，是為了更好地讓腰胯、丹田、命門的氣機充足，但不是滯停，通過脊背，將氣機導入全身肢節，然後再走架虛實開合。

站樁，是站什麼樁？

站樁首要的一點，是要讓脊柱放鬆。人的脊柱，本來就如柱子，由於地球的重力作用，如釣魚杆彎曲。推拿或按摩，也是讓脊柱脊背放鬆。人正常站立時脊柱是彎曲的。通過站樁，把脊柱反方向拉直，靠的是腳跟勁把脊柱挺直。脊柱的拉抻其實是最直接的放鬆。在拉抻的同時，氣機自然就鼓脹上傳，挺起脊，領起氣，最頂端是大椎穴，最底端是尾閭，整條脊柱豎起。站樁的核心是調節放鬆強化脊柱，要讓自己的脊背上下對拉抻直放鬆。

在站樁時，脊背放鬆有幾個要求：

朝向：坐北向南。

溜臀：立足腳根豎起脊，溜臀時脊背自然上下對拉，兩臂自然合起，手指大拇指與小指對應相合。溜臀時神闕穴要吸納，臀和腰向前合圍包裹，足五里穴往內扣並合圍坐胯，同時腋下放鬆，大椎穴、天宗穴、中庭穴、大包穴也要放鬆，陰蹺脈、陽維脈垂直觀照放鬆，放鬆到照海穴。特別強調的是，膝關節不能有任何壓力，否則心氣被奪，談不上放鬆。溜臀目的是為了將脊背拉直，胳膊抱球狀不要高於胸口，手與胸平就可以了。中庭穴、劍突要放鬆，前面往下一放，腳跟一挺，脊背自然就挺直，前面自然鬆沉。後面提，前面放，儘量讓脊背如銅板一樣層層疊起來，腳跟下如有一塊小石子把整個人撐住，五趾不貼地，湧泉穴含虛。所謂肩膀的放鬆，不是單一肩的放鬆，是讓兩肋鬆放，護肫令尾閭下墜前翻，達到背脊的挺直，自然令肩膀放鬆，是做到背脊挺直的根本。腋下懸空，極泉穴聚氣。大包穴的氣機鼓滿，下頜微含，頭頂平整，腳下面略處於搖晃平衡狀態，儘量撐起。立足腳根豎起脊，肘部內側少海穴往內扣，這樣更加穩當，脊背也就更加具氣，是真正意義上的含胸拔背的內涵。脊背豎起，自然是溜臀狀態，丹田也是托起。兩肋一放自然護肫，尾骶下墜，脊柱往後靠，手指會有熱脹氣機運化的感覺。

站樁的目的是什麼？

站樁是養好並強壯脊柱，強化中樞神經。人老腦先老，引起中樞神經癱瘓，身體就容易出問題。脊柱直了、強壯了，丹田之氣自然斂入脊柱。脊柱通了，氣自然上升。胯要稍微坐下，足五里穴放鬆稍微內合，背部氣機自然導向發動，脊柱也就具足了氣機。

站樁問題若未解決，太極拳無從練就。太極拳是脊柱在走架，所謂身體平移，其實是脊柱意氣推動胯骨在走架。脊柱是一根柱子，是中定軸。所以脊柱要強化，要練活，同時也是修復腰脊問題的辦法。

扇骨處的天宗穴往後面下沉合腰眼處，腳跟感覺越來越有壓力，越來越沉重，脊柱越來越放鬆，肩胛骨也會越來越放鬆，大椎穴和天宗穴更能合氣合勁。一個人的健康取決於脊柱，此處既是形，又是氣，又是精神。立身中正是建立在脊柱的基礎上，脊挺起，耳根放空，自然發生虛領頂勁。脊柱強大，四肢也就強化。

所謂的鬆，是讓人心平氣和、身體安舒，這也是樁功的內容，令人悠然、心安清明。

這時舌頭一定要頂上顎搭鵲橋，接通任督兩脈。手臂肘部不能過屈，要屈中求直。走架過程中所有的肘都要屈中求直，令氣機通達靈動。

太極走架時，要立足腳根豎起脊，要有腳跟勁的感覺；腳跟勁導向脊柱時，再進行虛實腿的轉化，然後身體平移，鬆兩肋，吐納開合一體。

修身架以練氣為主。如鬆沉時，背脊挺直，胯不用太沉。以武式太極拳左懶紮衣為例，左手肘在前要屈中求直不可折疊，右手掌在左手肘平處，意念鬆沉至照海穴；肘一定要鬆放，前腳後跟一蹬，反作用力導向脊背，脊背更加結實，此時腳底先別放下，形成一個直角三角形，前腳踩下去，身體推移至前小腿與地面垂直九十度；同時下面保持不動，如被地面吸住，兩後腳踩穩。脊柱是中定線，中定軸腰不動，足五里穴內扣，兩肋、大椎穴放鬆，推出去。這時要考慮勁道是由胯處鬆沉推出，要考慮兩肋鬆沉，氣機從脊背發至指甲尖，勞宮穴含虛。

強調：兩隻腳都立足腳根，挺直脊背，兩肋鬆沉，再開合轉。

綜上所述，太極拳走架脊柱氣脈直接貫徹上下盤，周身合勁合氣同步運化。椎骨節節啟上承下推動、蠕動，如春蠶吞噬桑葉態勢，並放空鬆沉觀照意念。大椎穴機關啟動，尾椎同步共振，牽引蛹動拉掣，氣機從脊柱中定軸發佈全身，虛實動靜走化。如是行法，意氣涵照覆蓋脊柱左右上下運行，由背後主導走架，保持立身中正，日久定能培元真氣，強化腰腎固先天之本。

體悟六

合虛轉化實，即虛中實。虛是體為暗勁道，實是用為明勁道。守中即中定，從中定中虛實轉化如鐘擺，又如籃球旋轉不離軸。

六、拉筋與化虛促成腰胯鬆空圓通

◆通過丹田吞氣拉筋，可以在短時間內將腰胯鬆開，這樣便能順利、無阻礙地進行太極拳的走架和鍛煉身體。

太極拳在走架的過程中，如果腰胯沒練好，太極拳氣機是很難練就的，對身體有害無益。前輩們對此留下的文字極為經典，習修者日常走架當中不斷體會揣摩，以便更好地理解太極腰胯。

日常生活中腰胯由於適應各種動作壓力，呈現了各種習慣受力的狀態，比如托、拔、挑、提、爬等動作令腰受力發生變化的狀態。托物時腰胯是繃緊，提物時腰胯是合緊，爬山時胯是往後托緊，習練太極拳首先要將腰胯從這些受力的習慣中釋放，如散步時的自然狀態，使腰胯真正放鬆，這樣是對腰胯很好的養護。

要養護腰胯，不能單一強調馬步樁式的腰胯，無益於養護，多少人練太極拳不經意把腰胯練壞了。練腰胯要依靠膝蓋撐著，若膝蓋損傷，這說明腰胯沒有真正鬆放鬆合。

腰胯為何如此緊張？

這是由於長期生活中不同角度的腰胯承受力，使得腰胯定形化出現了僵化。要想恢復自然人不受力的腰胯，回歸最自然如孩童般的腰胯，這是太極人常稱之為「鬆」。短時間內想通過太極拳開胯是很難實現的，過度強調低架開胯，搖臀蕩胯，反而對人體脊椎不利。

丹田吞氣拉筋是開胯鬆腰極其有效的辦法。

腰胯受力其實是筋脈受力，筋繃緊易失去彈性。這跟骨骼並沒有直接關係，骨骼活動是受到筋如彈簧般的牽引。鬆開腰胯，先要讓筋如彈簧一樣恢復原狀。通過丹田吞氣拉筋，可以在短時間內有效地把腰胯拉開，這樣就能順利地進行太極拳的走架。如果希望靠長期走低架練成腰胯鬆，往往會發現不但腰胯沒開鬆，反而膝蓋會損傷。

由於腰胯筋脈不是單方向的，是多角度、多層次的，需要從正面、側面、反面去拉開筋脈，因此「吞氣拉筋十三式」，是為了更好地鬆開腰胯。

「吞氣拉筋十三式」有拉筋開胯、仰天長嘯、蛙形撲地，單盤拉筋、雙盤拉筋等動作。通過一段時間這種多角度的拉筋，可讓腰胯恢復到原始的狀態。

走架時如何掌控鬆沉腰胯呢？

拉筋鬆開腰胯後進行太極走架，走架時如何掌控腰胯使之能處於一種鬆沉的狀態呢？

筋脈是無形的氣機，支持身體的有形載體。它有生物磁場效應，能進行勁道的傳遞，身體活動時所產生的各種勁道都是通過筋脈傳遞。因此在走架時要把腰胯掌控好，首先要把腰胯內側、外側的筋脈鍛煉好。

走架時鍛煉腰胯筋脈，需要找到一個核心點，通過不斷地嘗試與驗證，找到腹股溝裡的足五里穴位。它是厥陰肝經在外面的穴位，此處還有陰蹺脈、少陰腎經、太陰脾經匯合。

在太極走架中，胯的氣機走化動作圍繞關注足五里穴，並且合大包穴，使身體上下兩截牽引運化、周身一家。

傳統的腰胯鍛煉說法是鬆胯、圓襠、撐命門、收腹，腰部保持一個水準位置如輕舟蕩水，這些是比較籠統的理論。要想辦法落實到點上，嘗試胯下如「拱橋」弧形放空，如腋下放空一樣，胯下懸空、放空、放鬆、鬆沉、虛化。日久了自然會發現尾閭自然垂放，中正合氣，這樣更有利於會陰穴任督兩脈的交匯，能讓丹田氣機靈動潛轉。胯及會陰、腹股溝足五里等穴位鬆放、鬆空、鬆沉、鬆圓、虛化，氣機鬆沉到腳後跟的感覺如電流傳導。

太極走架時，強調後跟啟動，推動胯隨從，胯轉牽引腰動，腰動牽動脊背，再由脊背帶動胳膊。依經絡穴位的原理，在走架過程中觀照足五里、會陰、尾閭、照海等穴位和部位處的氣機勁道，懸空、鬆放、鬆空、鬆沉、虛化，同時要求毫無拉掣緊迫受壓之感，這一點至關重要。用心細細體察覺知，日後發覺胯下的世界完全消失隱沒了。

傳導穴位氣機去觀想：腳後跟、照海穴的氣機，從腿內側反彈傳遞到足五里穴，此時重點觀照胯下的化空、胯下的懸空、合虛，腹股溝往外沿凹型撐開，胯內側呈拱橋形往外面撐開並用暗勁。會陰穴放空，腚處拉開上提有吸氣上引之感。這時發現腰部帶脈隨著放鬆，好像身體下邊的世界消失，氣機靈動圓活，又如蒼穹流星、浮雲懸月之態勢。

如是意念化虛走架，有利鬆沉到位，丹田暖樂充足。在腰胯氣機運化過程中，上身的大包穴跟胯的足五里穴合，觀照用暗勁、意念，將會陰穴和足五里穴化虛、化空、鬆放，以弧形之意外撐腹股溝，這樣命門自然拱起，斂氣入骨，氣機到達脊背，從而更好地讓上丹田的氣機運化到下丹田，身體感覺輕靈入靜，安穩祥和。

走架時虛腿的勁道令腰胯撐開呈圓弧∩型，外面是掤勁，裡面是合虛，形上合住了，意上撐開。假如反過來顛倒行立，用含胸拔背來理解，腹股溝就是「胸」，臀部就是「背」，胯就是「腋」下。同時注意承扶穴的作用：溜臀，上托，撐住。

用承扶穴托住，足五里穴放鬆撐開，整個胯放空化虛，底盤釋放壓力，氣機下沉到後腳跟女膝穴。這個穴位氣機充足，人心踏實，全身經絡暢通暖和。

走架時，腳跟勁反彈上傳至腰胯，這時候功夫重點要放在腰胯，足五里穴把腰胯撐圓，用承扶穴把腰胯托住，會陰合住上提，中府穴氣機直接下行到丹田合腹股溝處，腳後跟托，令丹田生根。鬆腰胯根本的目的是落實會陰穴，放空鬆柔令周天氣機運化。胯內側、足五里穴往外面撐開，尾閭骨自然往下垂前送，尾閭正中，兩胯始終如胳膊抱著一個球在轉動，體現氣機圓活。再說太極拳身法導引的原理是啟動腋下大包穴及胯下足五里穴和會陰穴的氣機，使之圓活靈動周身一家，因此走架時要有針對性練好大包穴和足五里穴氣機走化。

傳統太極要求開胯裹襠圓襠，即空襠柔和化空。所謂吊襠是會陰有懸空吞氣升騰之意。腰的主宰及化勁取決於「拱橋」圓襠，即圓胯如∩型的對稱，虛線隱形中定軸。大包穴對接足五里穴，自然周身一家合勁合氣，內三合即無形氣機，外三合即有形氣機。

體悟七

太極拳看的見是形，看不見的是心，什麼樣的心走什麼樣的形架，心拳合一以內催外運行，否則心形脫節，暗耗精神。

七、虛勁道中和氣機在太極走架過程的體驗

◆走架過程，耳根對外面一切聲音都聽得很清楚，但心無留意、無掛礙，此時心保持空靈狀態。丹田是全身氣機整合的地方，氣機鬆沉至照海穴，是爲了借地面的反彈力更好地推動丹田氣機而鼓盪運化。

在走架過程中，體驗覺受要注意以下五個方面的內容。

一是要多留意觀照腳下勁道的發生。

以摟膝拗步為例，前腳後跟蹬地對撞發生明勁道在腰眼處生發的力偶（物理學名詞，為大小相等、方向相反，但作用線不在同一直線上的一對力），產生了緩衝力，推動腰胯的轉化，同時出現對拉勁。如鬆沉到位，脊背的氣機會充滿胸和手臂呈抱球狀，腋下橫向撐展開並鬆空鬆沉，氣機自然鬆沉至丹田和脊背命門。

鬆沉的目的是為了產生氣機到丹田整合，前腳後跟一蹬，氣機傳導至脊背，

內側勁道同時上轉至大包穴，前後腳之間也發生力偶的碰撞，在丹田處潛移交會。腳跟一蹬產生的內側暗勁上轉，上升發佈到足五里穴、丹田和腋下，此時脊背勁道和前面暗勁道，即任督二脈勁道全部歸位元，整勁開始合一體。

腳跟踩穩後，腳掌五腳趾根部略微抓地，使得湧泉穴虛弓。這樣一抓地，使前腳定在那裡，後腳虛實運化可以兌現上身自轉氣機的到位，在一轉一扣中，勁道發佈，完整細微空靈。一般走架中，容易忽略前腳的虛，只關注後腳的實。走架整個過程中，氣機體現為大包穴與對位足五里穴平行交錯的合，這樣對拉內合交錯旋轉自然產生裹襠，命門具氣吞陰吊肚虛頂百會，所以要多留心腳下天地。

在大包穴和足五里穴合氣合勁後，還要進一步後坐胯蓄勁，保持中定，正如鐘擺左右晃動不離中定線。走架合時要在中定勁道上合，合的時候往前擺後擺，自然就虛靈頂勁了。

走架合時，左右手的小指尖向上略轉，是導引大椎穴和尾閭氣機的對拉，後腳跟上去，然後鬆沉，這個勁道要多留意細行，自然靈動生根。太極拳以養身為主，掤開之時，太陰脾經、厥陰肝經在前面，可以導引，含胸收腹自然進行吐納，大包穴和足五里穴定要對拉合住，不會偏離方向。

二是要留意中丹田的氣機。

當摟膝拗步勁道發動時，定要留意明勁道是由脊背傳遞轉化，脊背有大椎穴、兩側膏肓穴和天宗穴所形成的三角八卦。走架時形在前面比畫，心意退後留守在脊背，有背靠之穩。人的健康是脊背的健康，陽氣足了，脊背自然健康。推掌時勁道從天宗穴繞過旋轉發佈，但不能直接開合，這樣有利於大包穴圓活靈動，同步勁道傳導至肘問即可。

三要注意眼神的開合。

正如射擊時瞄準的方向，走架時，要慢慢把視線化空，開始留意前方的方向，眼神觀照。當人和勁道要回到後面時，眼神隨從變化，不能滯留如螞蚱眼，要在前面的空間二三米處為準，垂下眼簾，隨從順應手和胯的方向變化而靈動自如。合到中定勁道形成整勁時，眼神回到眉心或者脊背大椎穴。脊背是中定勁道的主心軸，是隱形的中定線，過程之際兩眼視而不見，清晰投影，但沒有滯留在某個點上，心同眼神相從相照相應。眼神跟著意念和方向回到中定線時，眼神回到脊背，眉心間放鬆，耳垂和翳風穴放鬆。形要有開合，氣要有開合，心也要有開合，內外通透為一體。走架過程中，耳根對外面一切聲音都聽得很清楚，但心無留意、無掛礙，此時心保持空靈狀態，自然產生綿綿柔柔、雲捲雲舒、流水自然的心理效應。

四要留意脊背的放鬆。

脊背的撐不是形體上的撐，是氣機鼓滿脊背時稱之為撐，如果是形體上的撐就很難放鬆。只要一含胸，兩腋窩一撐開，心氣歸下丹田（若心氣堵胸口，心臟會有壓迫，眉間緊臉色青，這是練太極走架的大忌），脊背就會放鬆，跟著腰胯落下。在轉身時，要儘量地含胸拔背、胳膊撐圓、大包穴合胯鬆沉、收腹，腕部要放鬆，讓大拇指魚際穴、勞宮穴含虛氣機充滿。大包穴兩肋放鬆，脊背自然就放鬆了。

不是意守脊背，是留意脊背，脊背的放鬆要靠含胸。脊背的放鬆是肌肉的放鬆，不是氣機的放空，反而是氣機充滿，含胸、收腹、拔背是橫向放鬆。太極拳的氣機全部體現在脊背上，拳是從脊背發動的，故又稱「脊背太極」。

在走架過程中，大包穴起到極其重要的作用。大包穴要靠肘旋轉開合，太極拳內圈是大包穴和丹田的一種內在氣機的對拉拔長。氣機在內圈碰撞，大包穴打開，下丹田自然鼓盪，不是純粹靠腳下引導起鼓盪。前面放鬆的目的是為了讓氣機整體回歸下丹田，丹田是全身氣機整合的地方；鬆沉到照海穴，也是為了借地面的彈力推動丹田氣機的鼓盪。

五要注意整個太極拳的核心是丹田氣機的轉化，它是先天，是根本。

把丹田的氣機運用起來，運用在脊背上，因為脊背是純陽之氣的通道，是中樞神經的要道。人的健康首先是大腦的健康，人的年輕是中樞神經的年輕。因此太極養生理論建立的切入點是鎖定在脊背中樞神經為要處，運用大包穴、太陰脾經的氣機，對撞到丹田氣機發生鼓盪，斂氣入骨，讓脊背健康強壯。

上述五個方面要始終落實貫穿走架上，去兌現體驗。這個過程表現出來的態勢是鬆、細、綿、柔、安、和、空、淨、明。儒釋道三家在氣機及行為上為同樣軌道運行：鬆、細、綿、柔、和、安、淨、空、明，所以有必要學習中國傳統思想，從《論語》《道德經》《金剛經》《莊子》《壇經》中汲取營養，塑造太極拳靈魂，利於人生太極三部曲：青年鍛志、中年明理、老年安心。

體悟八

虛腿暗勁是鬆沉靈動的內驅動，同時也為實腿明勁互根運化。太極走架虛腿的暗勁如空氣流動，實腿明勁如浮雲舞動。

八、太極拳腳跟勁的根本作用及巧妙運化

◆太極走架是導引心性的舞蹈，俱生直覺智光，超越自我，無爭無畏，如幻如化，每每當下不造作任運等持。

通過筋脈氣機運化，當腳後跟踩蹬在地面時，反彈力同步傳導上升，通過大腿內側的筋脈傳導，由於人體結構的天然作用，筋脈把反作用的力轉化成勁道，到達尾閭時，轉化成一種波形式的勁，稱之為氣機，上升並且使脊柱充滿。這個氣機從哪裡來?是腳跟一蹬，通過腳筋轉化變成勁，再傳到丹田和尾閭變成了氣機。所以說，腳後跟不可思議，太極拳離開了腳後跟，離開了照海穴，太極拳找不到立錐之處，丹田運化便會無根、無原動力。

兩腳後跟勁運化比喻成兩隻山羊在頂勁，犄角頂著形成力偶，產生一個對撞力，通過腳筋轉化成兩股勁道傳遞到尾閭，再轉化氣機上行，此時就可以挺起脊。特別是小架的武式太極拳更離不開腳下生根，利用筋脈天然特性產生的彈簧勁，到達尾閭、命門、脊背，產生的力偶、前後腳虛實的轉化就是兩股氣機陰陽的轉化，然後充斥貫滿大椎穴和脊柱，在大包穴進行開合，此時大包穴自然便有了氣機。如是運化走架，自然順應大周天規律。

從照海穴感受腳跟勁上轉至大椎穴，大椎穴鼓滿氣，下頜藏喉，胸前兩側上端中府穴鬆放，耳垂根上提，自然產生了虛領頂勁，眼目發亮具神氣，眉心舒展。如果頭部有意頂起來，易產生高血壓、陽亢，命門火不歸位，人心好鬥好強。觀照守中大椎穴時，心地清明，自然產生虛領頂勁，能夠讓心氣鬆沉鬆空，心處氣機平和。

大椎穴具氣自然產生烏龜背。烏龜之所以長壽，是烏龜背後充滿了無限的生機。練太極拳的目的，是要讓自己的脊背產生無限純陽之氣機，這樣才能達到養生延壽的效果。中樞神經、純陽之氣的經絡、督脈全部在背後交會。每個人後背的靈敏度是超過正面的，所以說，我們要有針對性地把挺起脊這個功夫練到家，此稱「脊背太極」，是直覺和妙用。

由此可見，後跟勁是太極走架的根，同時後跟上來一寸的地方女膝穴可以調節全身氣機的平衡。

兩腿虛實變化產生一個對拉牽掣勁道，武式太極拳特別講究對拉拔長。對拉拔長的目的是為了讓內氣驅使潛轉，讓腰胯「公轉」同脊背「自轉」的意氣折疊，螺旋纏絲運化，造成了全身混元之氣，稱之為意氣圈。整個人在意氣圈（又稱生物磁場）中包圍著，在意氣圈中盤架運化，這是同「輪胎」的原理相應。給輪胎一個實點，就會產生無量無邊的虛點，展現一個實點，所以說太極拳「虛」是體，

「實」是用。「虛」是太極拳靈機神明，因此無條件要把身體形體和意識放空虛化，使身心充滿了無限的氣機。鬆沉到丹田，把丹田之氣培養起來做什麼呢？是為了充斥脊柱，讓脊柱更加強壯，聚氣藏神，讓神明得到涵照培養。

太極拳入門要把後跟勁練通達，鬆沉以照海穴來掌控。照海穴是腳下的眼睛，很靈動有玄機，是強化丹田及腎的要穴。鬆沉到一定程度，照海穴充滿氣機，產生反彈力，使胯與肩合且穩當。比如，腳後跟一蹬，照海穴有感覺，那麼勁道就發生，然後在脊背產生一個平衡勁道即中定勁。

行拳時，身體是由什麼在推動呢？是腰、脊柱氣機在推動。脊背有眼睛即大椎穴，如方向盤，腰胯是輪胎，兩臂兩肘是前輪胎相照相應、平衡平行拉動，安心在大椎穴，留意在腰間。在開合盤架時要把大包穴的氣機合到腰胯，再由腰胯足五里穴合氣托住（裹襠吞陰）並具懸浮上升之感，並且掌控保持胯的「水準位」平行走勢，行架固定相對「靜態」，如水面上行駛的船，平穩且又不離腳下如水浪般虛實暗勁靈動的承托。鬆沉肘尖的少海穴，讓大包穴兩肋鬆放，導引上丹田的氣機和下丹田的氣機交匯至關元及氣海處。觀照胯保持水準態，此處是身法的要處。兩肋鬆放、含胸拔背合胯，這樣鬆放鬆沉進行開合，腰胯平穩如船在水面上靈動且平穩行走。

練太極拳，所有的壓力盡是中丹田氣機的不和，即心處所產生的「自我」的壓力，所以兩肋要鬆放，肩井穴、天宗穴鬆放，特別是觀照中府穴氣機鬆沉，此時大椎穴自然充滿氣機，再進行對拉走架，雙手要留意坐腕處的陽穀穴及神門穴二處具氣即可。太極拳每一個架式，每一個虛實開合是充滿了立體的、立圓和平圓的潛轉與氣機，即「輪胎」原理的效應，始終充滿了無處不對拉、無處不平衡、無處不虛實、無處不矛盾、無處不陰陽、無處不中和的態勢。感悟解讀「輪胎原理」的理念，有利把內在氣機練成「球人」的靈動和渾圓，此為太極拳古往今來的玄機奧妙之處。

要練好太極拳，定要練好腳跟勁的運化；要練好太極拳，定要把脊柱氣機練好。強化了腳跟勁（腳下太極）、強化了脊柱的力量（脊背太極），才能算是真正意義上入門並掌控了太極拳的精髓。

鬆沉丹田蓄勁不是目的，是技巧，借助如彈簧對地面的反彈力令丹田生根，啟動先天氣機轉化為純陽之氣，進入脊柱，從而強化脊柱產生中定淩空勁之氣機，表現出來也是虛靈頂勁的生髮之源頭，否則雙重站煞，有損膝蓋骨。

太極拳的尾閭正中，在脊椎上產生中定線，是通過尾閭正中來實現。如果沒有腳跟勁這個點，尾閭是無法起到作用。之所以起作用，是因為在腳跟處找到天然無盡暗勁源頭，才能把脊椎豎起來。上下對拉，腳跟往下，大椎穴往上吊，兩端暗勁對拉延伸拔長，脊椎挺起來，脊柱通透貫氣，就容易達到尾閭正中。尾閭正中是走架的根本點。意守觀照大椎穴，立足腳根挺起脊，真正太極的靈通在背後。耳根往背後聽，心安住，神庭開明，眉心顯空，應聲無住，無所不住，空谷回音，清明空靈，無掛無礙。

足五里穴內扣內合，容易鬆胯。臀及腰部合圍向前向兩側包攏，兩膝有內扣之意，胯下有外撐之意，小腿直立，全身產生對拉勁，如大包穴與足五里穴對拉、大椎穴與尾閭穴對拉、神闕穴與大椎穴對拉。神闕穴吸納後背大椎穴自然拱起，全身無處不對拉。全身站通了之後，身體很快發麻、發脹、發熱，神氣並具。

虛中實，實中虛，更具靈動，如手揮琵琶時右腳跟心氣定位鬆沉，但同時左腳大拇指收縮略內旋內扣，湧泉穴略拱含虛，前後虛實腿產生騰挪之意氣圈，否則左腳全虛、落空鬆懈違背太極原理。起承轉合中的合即合虛，所謂的虛是心氣意一體運化圓融。

綜上所述，太極盤架走化始終是腳下勁道的運化和脊背勁道的交會引掣潛轉，不離虛靈中的圓融，是趨向心性光明中和之道。

傳說中太極拳史上武式家族盡心盡力成就了太極拳聖楊露禪，才有如今靈氣智光具足的太極拳國術。如今武式太極拳鮮為人知，遺忘一隅冷落一角，觀其思想豐富靈機，武禹襄割捨名利仕途，畢生盡力暗耗神傷研習太極拳導引之術，述說心中神人「王宗嶽」，二人時空相照穿越，同病相憐相惜，不離不棄一體不二，傳承太極動態精神造福後人。習練太極拳多吸收前人思想的精髓，有了思想便會覺悟；覺悟了，自然就會出生靈慧，同心性本體，相應相照。

太極走架每每動作皆是靈性的舞蹈，自然俱生直覺智光；反之只是散手競技格鬥動作而已，或者說是活動經絡關節的動作。因此太極走架過程中，思想是靈魂，是深處的暗勁，是氣機心性。思想上不同層面的解讀和覺醒，會體現出不同氣勢和神態靈機。總而言之，走架虛實，柔和圓通，如水自淨，明心空靈，禪心相照，無我無相，無爭無畏，如幻如化，每每當下不造作任運等持。盤架推手及靜坐站樁，進一步體驗：鬆柔、虛淨、空靈、清明，圓融。日久了，太極拳智光靈氣自然上身上心，大受用。

體悟九

鬆、淨、空、明，是太極拳走向心性大自在、大圓滿究竟之道，從而實現人生自主、自立、自樂、自明。

九、太極走架內三合意氣神與外三合相照相應

◆練太極拳的根本目的是借內三合，即「本然神氣」支配練好外三合，即「煉」神氣，爲生命的神與氣的運化和昇華，要當作生命中貼心伴侶雙運交感。

太極走架，外三合比較容易觀察並調整，但內三合意氣神很難掌控，卻又是太極拳的本質核心。如何實現內外三合相照相應，這一環節非常重要。外三合練好了，沒有內三合意氣神支配運化，就好比樹沒了根，沒了水分；又如汽車輪胎與氣的關係，輪胎是外三合，氣是內三合，沒了氣，「走不動」了。所以說，內三合是外三合的根，練好內三合跟外三合的相照相應，是練太極拳要解決的問題。一般說來外三合容易練就，但內三合意氣神，都是抽象、籠統、模糊的，很難在身上得到體現。

如何才能解決這個問題呢？

練太極拳首先要認識身體的內外結構。從西醫的角度來觀察我們這個生命，猶如觀察電腦的外部硬體，卻看不到它的軟體那一塊，所認知的僅是皮肉、五臟六腑、細胞蛋白質等有形的組織結構。這種觀察下的結論是簡單模糊的，容易造

成錯覺，令人執著於形體「人我」的層面，不能深入關注到心性潛能。當然，現代的西醫思想在不斷反省和覺醒，也提出綜合醫學論。

換個角度觀察，如果站在老祖宗傳統思想的「神」和「氣」去觀察生命，不難發現生命是很神奇的。生命現象在《黃帝內經》中說得很精細透徹和實際根本，全身十二經絡及奇經八脈，絲絲縷縷地縱橫交錯，裡外上下掣引，網織成一個龐大的陰陽氣機體系。每條經絡並具穴位，而穴位為神之舍。全身是由神經、經絡系統組成的「網城」，充滿氣機，互根無端共振交掣運化，同天地宇宙虛空同呼吸共命運。從這個角度去觀照思維，簡單的「人我」生命就有了豐富內涵，並且深邃奧妙。按照現代物理學假設觀察，生命現象即是一個由無限量子團糾纏，零界空間生物粒子磁場共振的宇宙體系。

身體內在的隱形世界，眼睛很難察覺到，生物量子在經絡裡面傳遞交感，並在穴位中彌漫高速周旋。同時對生命的外維空間來說，虛空中有無量無邊的高能虛態粒子穿過生命磁場，跟人自身生物場的「帶味」粒子共振交感。虛空是大宇宙，生命是宇宙的一部分。若能以這樣的高度和深度去認識生命，便會發現生命體具生機靈氣，玄妙不可思議，同時人會更珍惜呵護和尊重生命。人的身體佈滿了七百二十多個穴位，是「神」與「氣」遊走的地方，神奇奥妙，是無上寶藏。萬物有靈，生命是至上的，天道也遵循好生之德。

西醫眼光主導人們的視角來看生命形態，如機器配件組合體，始終不見靈氣。如果將來有一天科學家會造出仿生生物分子態的五臟六腑，但要造就神與氣是有難度的。西醫的生命觀，如是主觀地把生命理解成有形的組織結構的身體，筆者認為是片面的，是有局限性的。

人的形體肢節動態，是陰陽二氣運化展示的舞蹈。若經絡出故障，瞬間成植物人。比如高智慧的機器人逼真如人，動作、眼神、表情、神態、音色等以假亂真。若把它打開一看，是許許多多的線路支撐著，傳遞信號給這個機器人，從而生出「人味」的表情神態。同樣道理，許許多多經絡穴位傳遞神氣虛靈的資訊，構成「高智慧生物人」，並且啟動作用，一旦離開了經絡氣機便停「機」了。這樣說來，《黃帝內經》是生命究竟的詮釋，經絡穴位的神氣是生命的真正主導者；外在形態肢體只是功能載體的道具和舞臺而已，如手機與號碼的關係。

從《黃帝內經》解讀生命，肯定生命自身的價值，認識到人是內在的「神氣」的道具導體，自然本然地會遵循生命規律運化。當表現在太極拳習練之時，也應該建立在這個「神氣」的層面上，正念、正思維地觀照自己。練太極拳的根本目的是借內三合，即「本然神氣」支配練好外三合。人的先天俱生「神氣」，用它來貫穿推動太極走架。這正是武禹襄先輩所說，從心往外練太極拳，由內氣推動太極走架。知心練拳、知心養生、知心修身。同時又借太極走架把這個先天神氣牽引養生妙用，從而修養我們的性命，因此說練太極拳根本是「煉」神氣，以神氣滋養身體令人安樂自在。

如何更好地實現「神氣靈機」主導太極走架呢？

關鍵是要借助身體的經絡要穴，以經絡穴位氣機為主導走架，從而實現身知受用。進一步說，將外三合濃縮為穴位幾個能量點進行走架，特別要掌控好經絡「交會穴」的氣機，如百會、印堂、大椎、命門、關元、石門、氣海、足五里、照海、陽穀、神門，還有中府等穴。這些穴位在身體的關要肢節處，通過這些重要穴位形成肢體語言，我們的神氣交感就會迅速靈動共振。

借助穴位來練「神氣」，有利於練好內三合整體合氣，並展現趨向鬆、淨、空、明境界，流露氣機態勢「身如柳，心如水」。太極走架要求「神」先到，形相隨。一旦掌握和領悟了經絡穴位，走架過程就更容易產生氣感勁道。很多人多年走架空蕩蕩，不妨試一試，先找到重要穴位，嘗試在樁功中進行意念觀照，也許會有效果。

這裡要特別強調的是，當「鬆沉」時，氣機意念要走陰蹺脈，從面部雙眼處經中府穴，直達腳下照海穴，傳遞資訊零距離共振，走大腿內側及膝蓋內側不傷膝關節。平時儘量少跺腳後跟，因為反彈力過大，膝關節易受反撞擊；用心意跺下，千斤萬斤也無礙，但要有反彈凌空懸浮之意，否則跺深死沉雙重。若注重走外側外圈走勁道，日久膝關節變易暗耗精氣，不利養身安心。大家儘量心平氣和走內圈，養生為本，遠離放空格鬥心識態勢。

以經絡主導來練太極走架是善巧方便的。這種技巧和方法，把「神氣」展現出來為我們所用，可以打造兌現一個內在寧靜祥和的「心靈環境」，讓自己每天的情緒、壓力、妄想、幻想和負面念頭，在這種環境中得到淨化，使人心閑自樂，超然悠然。太極拳可謂是心靈的淨化器，是生命的篩檢程式，讓人心氣安舒，念想平常和諧。生活中有了這個「淨化器」和「篩檢程式」，可讓心靈如水自淨，明理安心，無煩惱無壓力，破我相形，放空自我意識，一生一世太極相隨相伴相安，對自己生命的造化便有了託付。

太極是思想，是中和之道。在《禮記．中庸》中提到：「喜怒哀樂之未發謂之中，發而皆中節謂之和；中也者，天下之大本也，和也者，天下之達道也。致中和，天地位焉，萬物育焉。」故說中和之道是中庸之道的根本內涵。用心體悟太極思想，貫穿身心走架，置身心於道氣之中，直接大受用，讓中和神氣靈光在身上放大吉祥光明，否則徒勞空過。

習練太極拳過程，為生命的神與氣的運化和昇華，要把它當作生命中貼心伴侶雙運交感。有了太極拳的支撐，生活在太極中和世界裡，神與氣在滋養，稱之為「太極人生」。讓無限神氣靈機來貫穿生命休養生息。生機旺盛心力強大走正道，可以改寫人生命運軌跡，讓生活圓滿自在自主。借《黃帝內經》生命觀指導太極走架，日久定能從生命深處出生靈覺之光，自利利他行善業。

每個人要正視自己，才能真正體現太極的中和之道。中和之道是虛空宇宙主旋律，超越時間和空間，是永恆主導萬物生化變易，是大統一大圓融，是零界平衡空間的顯現。通過練太極內三合，直接相應相照相連中和之道體。唯一管道是借助相應經絡穴位，為超導體進行神氣交感運化，煉造生命，呈現奇蹟。中和之道太極拳意氣神的修養，如金鑰匙幫助生命打開另一層面、另一世界，讓人生圓滿究竟——至善、至柔、至剛；太極思想令人心形合一，太虛圓融和諧。

此篇文字是筆者對太極和生命的傾訴，同時也是深深的祝福，願有緣人分享受用，身心自在離苦得樂。

氣機篇

體悟十

太極拳是「道炁」的載體，傳遞聖人的智光靈機；習者當以「無我」之心，相照相應，否則只是散手拳架而已，終究在形上耗費生命。

十、虛腿在修身架中的主導作用

◆在走架過程中，要明瞭形體架上的虛實轉化，更要明瞭氣機、心意上的虛實轉化，太極拳的養生之道是從虛靈中求。

太極走架，其功從「虛」中求。

在走架過程中，一個是「形」上的虛實分三七或四六，這是形體重心力量的調整；另一個是「氣機」上的虛實轉化，主要表現在前後襠虛實轉化。

要明瞭形體架上的虛實轉化，更重要的是要明瞭在氣機上、心意上的虛實轉化。虛實轉化的過程，分為暗勁和明勁。其中暗勁是虛腿中的勁道，叫「點」上的勁道，是屬於內圈的勁道。這種勁道的功能，一者使人在沉穩中帶有靈動，平穩中帶有輕巧；二者能使內圈氣機圓活，遍周身，氣機能整合成一個整勁，好像輪胎內氣潛轉；三者自然產生眉間拓寬，虛靈頂勁；四者能讓人瞬間心處放空，自我意識脫落；五者尾閭下沉聚氣，令人中正安舒。

由此可見，在走架過程中，虛實腿中虛腿極為重要。

要練好太極走架，有必要把虛腿勁道運化自如。如何掌控虛腿，令其氣機自然又不造作呢？

可以通過虛腿的照海穴，掌控腳大拇指和二指的勁道力度的大小和氣機的大小，讓照海穴決定虛實的走化。如果說在走架過程中，只注重實腿而忽略了虛腿，實腿就容易成了「死」腿，如木棍石墩，喪失了靈動性。比如接電線，火線接進來，還需要零線，否則單獨接火線容易出現電壓偏高、電器易爆炸等問題。電器做功一端火線，另一端須零線，才能讓電子迴旋流動平衡正常運行。零線如虛中暗勁起到潛轉迴旋，火線如實中明勁起到功用。如是虛實轉化體現整體性和平衡性的效應。

同理，在走架過程中，不但在形上要有重心力度的調節，更重要的是內在心、意、氣要有一個虛實的轉化。從周天角度講是任督兩脈氣機的轉化，從手足三陰三陽經絡講是五行之氣中和的轉化。在走架過程中，知道實腿應用，即勁起於腳跟，但往往會忽略虛腿勁道的妙用，唯有很好地掌控虛腿的走架運化，才能實際地發揮實腿潛在的氣機。

在虛勁道中去引導走架的勁道，從虛中引導氣機，從虛中引導心意，唯有虛中出生太極拳的真實義。

虛靈頂勁也是「虛」，是直覺功能與照海穴氣機綜合效應發生的作用，從內圈傳導產生一種很微細的勁道，瞬間充滿通達大包穴，自然圓活靈動；同時眉間也拓寬，瞳孔放空平視，神明周遍覆蓋。眉間拓寬是真正意義上的虛靈頂勁的顯現。楊式太極拳先人曾說，虛靈頂勁是虛虛靈靈的，既不是意，也不是氣，也不是勁，是一種「神」貫。

這個「神」如何產生？是靠虛腿內圈屬陰的經絡氣機暗勁傳遞到大包穴，護肫，鬆沉合腰眼及胯骨，神氣上升，「神」自然顯現虛靈空明。

如何理解虛腿領勁的氣機呢？

在走架過程中，比如講左摟膝拗步，右腿是實腿，是心意鬆沉；左腿是虛腿，由照海穴掌控氣機，借地面的反彈力，通過左腿內圈微細的氣機，傳導至大包穴，大包穴充滿氣機並且暗勁圓活靈動；同時又傳遞到眉間，舌尖搭鵲橋，眉間自然就會拓寬。前後虛腿在轉化過程中，腳大拇指尖用點、扣、轉、旋、懸幾個方法進行走架運化，會感受微細的氣機如電流傳遞到眉間，使眉間拓寬，心也放空，此為虛靈頂勁的真實義。所謂虛靈頂勁，是神明放大，心間放空，回到虛中去，是「無極」的狀態。

傳統的功夫架融入了散手與格鬥的元素，其勁道體現在腰胯，在運化規則中，自然出生無法挑戰的假想敵，日久令心氣壓制扭曲。腰胯體現的太極走架屬於公轉，為矛盾化勁。在走架過程中，如果以脊背傳遞微細的勁道，屬於自轉，走架時能做主，把內心的假想敵、屬於表意識的「我」放空。明白此理後，但仍然保留傳統的功夫架的腰胯態勢走架，就好像一位士兵，背著真槍實彈在街上走著，雖然他內心不具假想敵，但槍彈會給外界帶來壓力。如果用脊背來傳遞微細勁道，就好像士兵在站崗時背著一把木頭槍，其內心自然釋放假想敵，木頭槍也不會給外界帶來壓力。外界的壓力會回饋到人的本身，內心自然會產生一種反壓力，一種抵觸，無形中這個假想敵出生，亂了心氣和善之德。

既然要選擇太極拳作為生命心性上的修為，應該從思想上徹底把心中這個自我（有了自我就會有假想敵）化空，這是原則，是功夫架和修身架涇渭分明之處。因此，在走架過程中，思想上要明確，究竟是要成為武林高手，還是要成為長壽星和善之人？思想是起著根本的作用，即安什麼心練什麼拳。

當思想問題解決了，落實到身上，形和心是要相應相照相通的。內心本著至善、至柔、至剛的原則，在走架過程中，就要無條件放空假想敵，依中和氣機，導引推動大椎、天宗穴、大包穴等要處進行修身養生走架。

太極拳真義從虛中求，只有在脊背傳遞氣機的時候，才能更好地掌控虛實腿氣機的轉化。如果刻意在腰胯上展開，只能是在形上即掤勁占主導的勁道，不能進行深處微細的心氣上的虛實轉化。在脊背上走架的氣機，能深層次地調節心意的轉化，因此在走架過程中，要把心中無我即無敵（敵即我，我即敵）的思想與身體相照相應。

思想上無我無敵，形上表現出來虛靈圓活，安柔相隨，釋放壓力地進行走架。心、意、勁裡外合，天地人合，外境與內境合，出生當下物我兩忘的境界，稱之為中和圓融的勁道效應。

如何實現脊背中和方圓？是靠虛腿來實現。只有虛腿才能體現內心至善、至柔、至剛，從而掌控自己的身體。虛腿除了用點、扣、轉、旋、懸，還有一個挫勁，這幾個動作氣機、勁道大小也是靠照海穴來掌控的，也是鬆放、鬆沉的關係。當完成虛腿在氣機轉化過程中的這幾個要點，會令人在走架過程中出現這樣的狀態：自然虛靈頂勁、眉間拓寬、心氣平和，潛在內圈氣機圓活，從有形至無形，都是整體通透的心理效應，更能進入無我，顯現自在、自如、自立、自安，自樂。

至此，明確了在整套太極拳架中，並非實腿占核心，而是虛腿占主導地位，更具神明靈機，其原因皆取決於太極中和思想之道。

武林散手的功夫是實腿的勁道，太極拳是虛中求真諦，想把「實」發揮到極致，必須「虛靈」極致。因此，實腿不能離開虛腿，如電器火線不離零線的妙用。

只有很好地練好「腳下太極」虛腿的功夫，在整個走架過程中才會出現綿綿不斷、雲卷雲舒、流水自然、無掛無礙、心性怡然自得，外示安舒、內固精神，中定圓明。日常走架過程中，留意觀照虛腿的妙用，是根本，是首要。

修身架和傳統功夫架，定位不同，信念不同。修身架是人生的哲學，是思想，是心性在生命運行過程中的一種超導直覺的展示，是心靈涵養，非格鬥術。

只有虛腿氣機運化自如，才能真正實現太極拳成為涵養中和的修為，是調心安心明心的導引術。平時走架過程中，定要解讀太極拳與散手的區別。散手的勁道在實腿及腰胯上傳遞，是擴張爆發狀態，同時又咬定心中暗藏塑造至大至慢至恨的怨敵不放。涵養中和思想的太極拳是在虛靈中傳遞「無我無爭心念」的氣機，這是兩個完全不同的概念。

曾經有多少人在練太極拳時總是雲裡霧裡，找不到一種隱形的繩索規範之。筆者一路走來，一直在尋找，去解讀虛靈頂勁、眉間拓寬、整勁氣機等等技巧，只有落實在身上，帶著中和善心的思想去尋找，並且耐心、安心、平心、信心，自然會越走越靠近，越練越真切，越來越明瞭。

筆者崇敬太極拳先人的造化，相應老實本分去走架，希望天下太極人謙讓隨順安和走架，共同勉勵，遠離病痛憂惱，身心安康，人生福慧圓滿，終極心性大自在。

體悟十一

太極拳十三勢暗藏玄機，當以信念仰止平常心善待一切外境相應走化，心誠則靈，日久定能發生妙法，使人心閑自樂，如水自淨，通達明理。

十一、大包穴橫式呼吸運化中丹田氣機

◆用意念暗勁去支配大包穴、中府穴、天宗穴，此三穴是肩部筋脈的根部，或說是「開關」，暗勁拉筋令肩部鬆沉鬆空鬆放，更好地拉開大包穴、兩肋氣機。

習練太極拳到一定程度後，要把呼吸吐納融入運行走架。呼吸可分為順呼吸和逆呼吸，日常狀態是順呼吸，而太極走架是逆呼吸，目的是強化丹田氣機。

橫式呼吸，是指橫膈膜拉開呼吸，也是把心肺呼吸放大引起身體氣機鼓盪，就像過去用的手拉風箱，一拉開風就吸納進來了，強化下丹田的吐納。

太極走架時，有幾種肩不協調的問題，如頂肩、托肩、扛肩、坐肩、夾肩、拖肩、壓肩。這些問題往往是日常生活中受力形成的習慣，這些習慣在太極走架中容易造成腋下氣機失靈。

如何在太極走架中把肩練好？把腋下氣機練得更加靈動？

肩部要像平時散步時的自然狀態，橫向鬆放垂掛，猶如保持一種上了年歲的老人家在柳蔭深處散步時悠閒的狀態。腋下懸空不能有夾緊之感，這是為了更好地進行橫式呼吸。走架時腋窩撐開抱圓如抱球狀，有利於橫向呼吸，拉動丹田命

門吐納。橫膈膜打開，有助心肺氣機鼓滿，並鬆沉到丹田，要做到形似熊背，所以走架時上身以橫膈膜呼吸為如法相應。

腋下懸空，虛腿腳大拇指點地暗勁導引上傳，身體兩側的大包穴放鬆。兩肋若沒有放鬆，肩就會緊張。走架過程始終不能夾腋，大包穴在鼓氣，一撐開就是納。腋下打開要靠肩、肘、虛腿內圈的暗勁，啟動大包穴氣機，實現中正平圓。

大包穴屬於太陰脾經的絡穴。什麼是絡穴？它是陰經脈穴和陽經脈穴交匯的點，氣機散佈在全身。當全身的疲軟倦怠和疼痛時，都可以在大包穴按摩調節緩解，所以大包穴支配全身的靈動，它的功效如同陰蹺脈。

為什麼要鬆肩沉肘？

太極走架時非常強調鬆肩沉肘，但為什麼要鬆肩沉肘？要知道其中原理，不要被形所迷惑，要主動去探究形下所隱藏的原理。

太極拳氣機運化分為腰胯和脊背，其中脊背氣機在大包穴轉化。大包穴的氣機是從大椎穴所處督脈的陽氣發佈所轉化，即大包穴納氣，脊背大椎穴吐氣走化，再往前面交會任脈。這個氣機通過大包絡穴，從脊背繞過而進行，脊背氣機不能直接從胳膊發佈，先到大包穴再轉走內圈。

走架時上身的手臂一舉一動地走化，目的是為了打開並強化大包穴的氣機。開合時要做到鬆肩沉肘、腋下懸空，原理是讓大包穴展開，配合脊背吐納，進行橫式呼吸，讓心肺充滿氣機，培養中丹田的氣機。中丹田的氣機強大了，下丹田的元氣自然潛轉鼓盪，天地交泰氣機合一。太極走架上半身練中丹田的氣機，這個氣機有利於中定勁道的培養。

在形上怎麼練呢？

例如攬雀尾（懶紮衣），起承時雙手捋勁，腋下懸空大包穴，橫向撐圓吸氣鼓盪，內圈虛勁整合，同時丹田命門配合吐納。轉合時肘尖少海穴內旋內合內扣，坐腕守中走下弧合胯，相照相吸推動拉掣並鬆沉命門氣機至照海穴，同時有上懸回轉之意，但腋窩下不能有絲毫拉掣之感。

在大椎穴氣機直接傳遞至大包穴時，通過鬆肩沉肘拉開大包穴和兩肋，如手拉風箱機將氣鼓滿，有利下丹田氣機的對接，況且下丹田的氣機是來自中丹田折疊拉掣而運化，而中丹田的氣機來自大包穴運化。這是一個完整的體系，屬於內圈轉化。

練太極拳時，不是手腳在比劃，否則只是在做廣播體操。上肢兩手臂的內側意氣圈比畫，是為了更好地拉動大包穴、兩肋，有利橫膈膜的呼吸，即橫式呼吸。

肩膀的不協調，在太極走架中不能當作問題來處理，肩膀的放鬆只是為了更好地橫式呼吸，讓大包穴更好地調整中定氣機，要針對性地調整肩部。肩要鬆，但不能鬆死斷空，是要有散步狀態的肩膀，並且意念橫向抻開有卸掉之感。腋下懸空不能有任何夾急拉緊之感，因為手拉風箱機鼓到盡頭，風就很難進去，拉到一半就可以了。所以腋下不能夾住，腋下其實就是鼓風機的風口。手臂要抱球狀撐開，太極拳的開合正如抱球，曲中求直，同時形在前，意在背後。目的就是為更好貼背進行橫式呼吸和屏息，如果一個人倒立走路，那肩部就好像腰胯的部位，需要靈動才能運化。

如何借助穴位來更好地鬆肩？

走架行拳時，利用穴位配合會更好地鬆肩，兩側大包穴、中府穴、天宗穴（勝比肩井穴效果）這三處穴位的鬆沉是掌控鬆肩的切入點。為了更好地掌控肩，用意念暗勁去支配大包穴、中府穴、天宗穴，此三穴是肩部筋脈的根部，或說是「開關」。暗勁拉筋達到肩部，肩部就鬆沉、鬆空、鬆放，更好地拉開大包穴、兩肋氣機，產生橫式呼吸，進一步導引中丹田氣機，令下丹田得到涵養和強化。手臂撐開的時候如貓頭鷹展翅鼓風騰空飛翔；合的時候就像大雁南歸時悠然推動；向前旋轉時，如老式的蒸氣式火車，外圈輪股的慣性轉動拉動兩肋氣機的旋轉。

綜上所述，鬆肩沉肘的原理略講一二，橫膈膜拉開橫式呼吸，有利上下丹田、命門氣機交感吐納。走架過程儘量掌握好鬆肩的技巧，對太極養生的氣機會起到積極作用。總而言之，太極氣機無法缺失中丹田橫式呼吸。練就太極拳即是練氣機和吐納的運化，是根本，是心要。閒暇時，習練者結合走架用心揣摩和解讀。

體悟十二

太極走架心行微妙法，因太極思想是智慧、是明燈，非套路拳架為太極拳。中和之道，物我一元，能所不二，對境放空中道無我，為太極拳的靈魂。

十二、極泉穴、會陰穴練達中下丹田氣機運化

◆留意腋窩極泉穴的氣機運化，觀想如陰陽魚在遊動自如，無拘滯，無掛礙，無掣拉之感；整個腋下充滿氣流斡旋，空空蕩蕩，如虛空一樣，雲來雲去。

太極走架，始終不能離開「鬆柔、輕靈、圓通、空明」。這四個層面是太極拳走架根本核心的技巧和境界，也是神明靈智的通道臺階，是把有形勁道化為氣機融入心性的必經途徑。圍繞這四個層面去體驗感知，不易偏離鍛煉的方向和軌道，並保持中和之道。通過圍繞這四個層面進行調形、調氣、調心去走架覺知體驗，這是習練太極拳的基本軌道，能讓有形的「我」融入太虛空靈，把太極昇華歸無極，把有形化為無形，把太極矛盾昇華為圓融中和。

走架時，如何實現順著這個軌道去運行？

走虛勁道心意的「內圈」，以養心為本。

練太極走架時，儘量去關注內圈走架，此處指的是非格鬥內圈。學習太極拳只學套路招式，易為外形所主導牽引，尤其是競賽套路，如是外圈走架，運轉勞心。若始終在這個外圈上走架，心氣就易被套路所支配耗盡，同時內心得不到很

好的修養，長此以往造成太極內圈的不相應，心力交瘁，五官顯現生硬，遇事煩躁不安而憂惱。

走內圈是同心性虛明相應入道，令人淨心、安心、明心，是真正意義上的太極拳修身之道用。

太極走架原理，同外家拳法有什麼根本區別呢？

太極拳原理好比把「冰」化成「水」，把有形通過「鬆」化無形；而外家拳法把「水」硬化結成「冰」，把無形出生有形直接在勁道外圈用力，這是兩者最根本的區別。因此練太極拳不能只在外圈枝末上用心，心思不該在身外煉造，應當在內修養。上述觀點是筆者的個人見地，僅供參考。

內圈是體，外圈是用，體用雖是不二，若是能夠集中精力在根本母體上用功夫，把外圈勁道如冰化成水般不造作，自然會令氣機入神明、歸真心，出生智慧神變妙用。

平時走架很難進入「鬆」態，為什麼？

每個人跟外界對接時總是依靠外圈掤勁，即胳膊、腰胯、脊背和腿的作用，這種承受外界的壓力，從外境轉化入內境，即成了心理上的壓力。當釋放外界壓力時，務必在胳膊和胯腿關要處去調節外界的壓力，如是行，內心的壓力才有機會通過有形肢體釋放。正如站樁，通過關節處的放鬆，的確能使心氣放鬆。太極人生的主題就是釋放心中的壓力，平衡內外境和諧。

中丹田內圈氣機如何運化走架？

平時說鬆肩沉肘、腋下懸空，但是會發現很難真正兌現。

腋窩是人體養生三大要處之一，中丹田的氣機鍛煉，腋窩是契機點。在此處先找一個特殊穴位，腋窩頂上有極泉穴，此穴寬胸理氣治一切心病，甯神安心，直接支配中丹田氣機走化。太極走架養生是把後天氣機回歸先天母體，順應周天養生之道，因此走架時定要關注留意感覺腋窩極泉穴的運化氣機，觀想如陰陽魚在遊動，自如無拘滯、無掛礙、無掣拉之感，整個腋下充滿氣流斡旋轉化，空空蕩蕩，如虛空一樣，雲來雲去。

這樣一來便能很好地體驗：輕靈圓活。

實際上中丹田重點是練「圓活氣機」。如果能把腋窩放空、拓寬、撐開，肩膀自然會鬆放、鬆沉、靈動，遠離各種太極肩的毛病，同時也能令心處釋放執著外境的壓力，因為腋窩是肩膀胳膊的根。如此調節腋窩放空，人也空了一半，心也輕安了。

腋窩處的極泉穴位，是中丹田氣機調和的總開關，是中丹田交匯下丹田的核心用功之地。走架時腋窩處放空撐開如拱形，始終維持如是狀態，又如球在旋轉，抱球撐圓，即「球人」合氣涵養運行，不能有夾緊壓迫之感，亦不能有拉扯和拘謹滯留之感。如是靜心觀想意念，上身慢慢變成空蕩圓活，眉間放寬、虛領頂勁，脊背充滿中定氣機，耳垂下墜心氣穩當。

極泉穴與內圈走架的相應相照，易入正軌道的運行，故說內圈合極泉穴走架，是上半身走架之要處，是實際養生之道，留神觀照意念，定能見效。如是一來中丹田之氣自然滋養人「心」，明理悟道。

形意八卦也特別強調腋窩極泉穴、大包穴的氣機。

守住極泉穴和大包穴，自然自如地由外圈進入內圈，同太極思想相照相應，從而肩膀自然放空放鬆，心氣也安舒。

下丹田內圈氣機如何運化走架？

由於長期承受外部壓力，往往造成胯下筋脈失去彈性而僵硬，胯骨變形。日常練太極拳時，要鬆腰胯，其實也是有相當難度的。開胯鬆腰要吞氣拉筋以及穴位意念暗勁進行才能見效，否則純粹開胯骨搖盪臀部，易衰損腰腎。

如何才能更好地把胯鬆放鬆空？

胯下合處中間點有會陰穴，此穴是衝任督三脈交匯地段，調節全身氣血陰陽，又是周天要穴，此處具有強大氣機，意念觀照氣感會明顯對接。

先觀想胯下會陰處如拱形並且具足彈簧勁，有氣機鼓脹撐開，胯自然會從大腿內側鬆沉鬆放至照海穴，同時反彈虛勁從內側導向上升托頂丹田，令丹田生根靈動。進行順逆轉動，又如陰陽魚的游離走動，此要處是下盤內圈走架的核心氣機。

走架時，下盤定要保持守護會陰筋脈，有渾圓、拓寬、展開、弧形、旋轉之感，如兩條陰陽魚在底下遊動，如此一來丹田自然產生暖樂氣騰然，神明，靈光發現，胯下出生了一片清涼地，獨幽心閑自樂，青荷超然。腋下空，胯下空，人也空，身心俱生：「空然、自然、超然、泰然、本然」。

極泉穴、會陰穴，確立了走架內圈虛勁道氣機運化，自然發生：「鬆柔、輕靈、圓活、空明」，相應相照相通無極虛明道體，大受用，大自在。

有人總是喜歡在外圈套路勁道走架，因為心中「無上假想敵」在召喚爭鬥，這樣甚難入道，無法把「冰」化成水，卻遠離至善、至柔、至剛太極之道。太極拳修行是微妙法，心細行見真功夫，無我無爭，無畏無勇，不然一生空架子，枉然徒勞。

極泉氣機如何拉動會陰穴氣機進行走架？

中丹田同下丹田氣機運化是折疊交叉壓縮潛能，即反方向吸引吞噬坍塌中和潛轉合一。如左摟膝拗步：右腿著地鬆沉至照海穴，反彈勁至會陰穴，又從會陰穴氣機傳遞至左腳後跟到照海穴；此時左腳大拇指點地產生銜接勁道，並且鬆沉合左胯，令小腿與大腿在膝蓋處有對拉之感。開步時一蹬一撐，湧泉含虛，此時會陰穴是真正意義上的隱形的「襠」。進而旋轉圓襠空襠提襠，由根部氣機從下向上推動腰胯自動轉化，並且銜接上身腋窩極泉氣機互動雙運。

胳膊及肘尖牽引極泉氣機暗勁走下弧，坍塌融合下丹田之先天氣機，令腰胯輕靈自如；同時勿忘一處核心領勁要點，即手掌小指的少衝和少澤要穴氣機，此穴是上下丹田交會微妙法。進一步細說，會陰穴氣機的方向相反極泉穴氣機運行，摟膝拗步開時，腋窩氣機向前運化，而胯下∩型會陰穴氣機且要向後扭轉運行並後坐，一前一後、一上一下螺旋反轉產生中定勁道，出生形上中定和無形中和氣機，是太極拳的圭臬。

走架不能離開內圈，內圈氣機能令上下丹田氣機一上一下無端無始交泰圓融，內氣催外形走化，如汽車內燃機點火發動高氣壓推動齒輪軸承，驅動外輪運行，否則汽車定會作亂，太極走架也就無根。內圈氣機運化入太極思想中和之道，這是道教丹功原理；同時也是禪門秘境之道，故說太極人同禪門古道行者是一併大道相照相通的。

習練太極拳要守護三要處：左右極泉穴、會陰穴，趨向內圈氣機合心性。走架以三要處為主導入軌道，並且在這三個「窩」中淨心尋覓體驗玄機：鬆、淨、空、明，只有這樣相應入道走向真正太極行。

傳說中稱太極拳導引術是張三豐悟創，今人又說是陳家溝發明，其共同心願是：天下英雄益智延壽，遠離格鬥，熄滅嗔恨怨氣。用心體驗內圈三要處，日久自然從走架套路破繭而出，融入中和道體心性幻化舞蹈，俱生身心安舒怡和，心地淨土。

套路走架時，心意要專注觀照此三要穴，自然令人產生微妙覺受靈智，慢慢找到前人的蹤跡。再說太極樁功，也是無法離開此三要道，否則人在靜中無著落點。站樁時要意念放在腋窩極泉穴和胯下會陰穴，運用耳根反聞聽勁進行細微調節：鬆空、鬆放、鬆沉、鬆合，反之如同木樁石墩死沉硬撐呆板，摧殘身心。其實樁功是無形太極走架，即無架太極拳，是內三合心氣意念獨立運化，無須外三合有形支配，大多練樁功的純粹在追求所謂的「鬆」。樁功個中自有天地玄機。

太極內圈走架鮮為人知，筆者用心揣摩觸及枝末感悟點滴，今以文字表之，若有不妥之處，謹請前輩智者賜教指正，令後人受益。

體悟十三

太極中和養生修身：虛中領勁，虛腿腳大拇指點、扣、轉、旋，氣機聚大包穴，內旋、開合、鬆放、圓活；足五里穴內扣、內合、內轉；眉頭間自然拓寬，虛靈頂勁，神明周遍，如來如去，如夢如幻，無我無物，返璞歸真。

十三、太極「腰」主宰的經驗探究

◆尾閭是虛實氣機轉換的總開關，是內外三合交感處，是陰陽虛實中定勁道核心地。

太極拳涉及有關機要，因傳統規矩忌諱直說，只能曲說，同時也誤了後學。換角度分析，任何事物都有內在的規則，一旦發現規則便能入正軌道。好比講到太極的「鬆」，是核心的技術，到底如何鬆法，卻沒有明白身知特效。根據地球引力原理，若往空中扔一塊石頭，不可能橫著飛走，如垂直墜落在月球上可以弧行。同理，在引力作用下，如令身體上下節節放鬆，其實這是「鬆」的隱形誤區和錯覺；松是心意上的運化，非全部身體。

太極拳的十條身法，裡面有很多暗藏玄機。如含胸拔背、沉肩墜肘、護肫、松腰開胯、尾閭中正等，個中含意念氣機「橫行鬆開」之意，掤勁撐開，意氣橫行。如「八面支撐」是一種擺脫重力、橫向放鬆的勁道，如輪胎鼓氣的狀態。因此，不能在地球引力方向進行放鬆，必須橫向拓展鬆圓，用心意那才是究竟的放鬆。

站樁、走架，橫向拓展放鬆放空，同時心裡也要放空。生命所執著的幻覺妄想也要放空，把「自我」放空。放鬆時意氣橫向放鬆，想像自己頭腳兩終點固定平行，中間絲絲縷縷無限放大撐開，如雲團空氣，又如光霧展開。真正意義上的放鬆要靠意念，單一強調身形是很難擺脫地球引力的。

長期以來，重力影響身體的肌肉、骨膜、筋脈使之緊張，所以放鬆要在相反的方向橫著進行。十條身法無不彰顯平圓和立圓交會的掤勁，同時八面支撐，皆有渾圓放空之意。外圈合、內圈擴張是心力放大即內開外合。若心意觀照沒有做到位，身形的放鬆只是空殼無神。橫向放鬆，橫向拓展，橫身放空，如是觀照是為十條身法注入精神，如輪胎內充滿氣的過程，驅動內在氣機反方向潛轉，有抗震力和彈力，碰到阻礙物自動碾壓轉化。

講到太極拳發勁，外力的撞擊碰到內在運轉的氣機，對方自動反彈，因外變而內變，非內變而外變。如面對裸高壓電線，若手妄動，瞬間遭電擊；又如電機外輪轂，若手妄動，即刻彈射。因此，太極的發勁，是外力的變化而造成的一種內在不平衡的張揚，就好比輪胎在滾動時是撐圓的，裡面的氣機是鼓滿的，內氣潛轉反方向的。所以走架時，內在的氣機要跟身體反方向運轉，若單一方向就不具產生內壓力纏絲勁。把人體撐開，公轉是隨著外在環境應變轉化，而自轉是圍繞中定軸，合勁合氣轉化。

因此，深度解讀「鬆」，不是形體上的鬆，是意念、勁道、意氣神，是要擺脫重力的影響，進行橫向撐開。在太極走架裡，「八面支撐」其實已觸及這一點，但沒有作為重點去解說、去定位、去規範。對於「放鬆」，要重新認識。橫向放鬆，是擺脫地球重力和引力。

太極走架「橫行」走架，是意念「橫行推移，圍截抱攔」，橫向撐開；要撐圓，不是縱向的圓，是橫向的圓，圓即是橫著來。人的習慣是縱向做事情，練太極拳要打破這個常規，橫著來，中正平圓。一般的運動是垂直或縱伸，直行上下運動，而太極運動跟日常的運動理念是相反的，如是行，能實現身體真正意義上的放鬆安舒。站樁其實是反方向令意氣神內固守住運化，覺察體內變化。走架時三分留意在前，七分留意在後，氣機是反方向走架的表現。橫著放鬆的觀念是非常重要的一種核心思想。要改變觀念，重新認識解讀這個「鬆」，否則只在地球的引力軌道中，可能永遠達不到究竟「鬆空」的狀態。

走架過程中，要追求周身一家，從內摧外形。「周身一家、合氣合勁」概念籠統，必須鎖定核心切入點。

如何來體驗「周身一家」和「合氣合勁」？如何來展現「八面支撐、對拉拔長」？

太極走架過程中，《拳論》指明要以腰為主宰，誰來主宰太極腰呢？所謂的太極腰即是太極胯，太極胯即是太極襠，太極襠即是會陰穴氣機的運化。

那麼會陰穴的機關在哪裡呢？在尾閭。

尾閭要做到「正中」，尾閭一動全動，一停全停。「胯下三根柱」即自身兩條腿，還有中間「一條腿」，用意念觀照，用耳根聽勁，猶如彩虹光柱承托。曾有太極人說過坐在凳上打太極拳，可以想像兩條腿已化空了，只有尾閭底下有一根彩虹光柱子在托盤行拳，同時也可以觀想胯如坐椅，上身安放在其上進行腰眼轉化。太極走架定要找到核心所在，全身內外三合的總機關，這個機關一按，內外三合意氣神全部達成一片，有形到無形，轉化銜接要點在尾閭。什麼是尾閭的正中？尾閭不正，全身的氣機就無法合勁合氣和發力平衡。在走架過程中，只要實現了合氣合勁，自然產生周身一家和八面支撐，對拉拔長。

如何才能實現對總機關的掌控呢？

首先要解讀尾閭正中的奧妙，這不是理論上的東西，是技術層面、可操作性的。太極走架應用心意去走架，用耳根微勁主導。因此走架時，氣機要從背後向前向下推動，直接穿透發佈走勁，以兩胯推動牽引上身胳膊。從背後推動前面為根本，易放空自我意識，同時假想敵也易化空，意念氣機斂背即退一步海闊天空，心地也空明。

所謂的「對拉拔長」是全身內外相向對稱意氣神進行交感對拉拔長，這些都是文字層面上的，裡面包含著隱形的東西。脊背、四肢、軀幹，有隱形的繩索，結點就在尾閭上，因為尾閭是丹田氣機的總開關啟動器，尾閭啟動，丹田氣機上轉向全身發佈。尾閭是氣機總開關，丹田是發動機。

坐胯尾閭啟動，襠部令丹田鼓盪，氣機發佈至全身，這個規律、次第要清楚明瞭。尾閭一動一放一開，丹田氣機就發佈整體，尾閭一靜一收一合，全身合虛鬆空鬆沉整合。尾閭處勁道氣機就如同漁夫站在那個「固定根點」上在撒網，漁網有根主繩索，一網撒出四面八方展開，爾後主根繩索一拉，漁網整體就拉攏了。主根繩索與固定點是意氣相連著，因此，尾閭氣機開合至關重要。

老虎一旦不具尾巴就失去騰挪之勁，就無法跳躍，是因為失去平衡，尾巴是中定勁道機關，是勁的爆發點，人的尾閭也同樣重要。尾閭是太極走架虛實氣機轉換的總開關；是內三合外三合的總開關；是陰陽虛實走化的總開關；是中定勁道關要樞紐。所以走架時，定要抓住這個開關，即「正中」開關。

如何做到正中？要落實到身上體驗探索，才能很好掌控太極腰、太極胯、太極襠的運化。如果尾閭機關能啟動，整體走架就能體現周身一家，陰陽虛實，合氣合勁；太極拳中很多未能解決的問題，通過尾閭氣機勁道調和，自然可以達到整體的效果。以前只講身法要尾閭正中，只是一個概念，其實不然，尾閭正中是有形的中定軸核心點，同時也是同步啟動海底輪和頂輪之間中脈的隱形開關啟動點。

剛才上面的比喻，如漁夫站在骶骨點，撒出漁網，一拉全身所有的筋脈回攏，丹田的氣機會合，全身即合。尾閭一開一放推移，丹田氣機同步共振，因此尾閭是不可思議的。練太極拳到底是在練什麼？練內三合外三合，是練尾閭的正中，它是太極拳的核心地段，是樞紐機關。用意氣進行尾閭前送後移，氣機發布全身至梢節，並要小指領勁開合，小指如「尾閭針」；體現出來即有形和無形交會聯通的中定勁道。

如何落實中定勁道走架？如果氣機發佈不均勻，走架就是零散上下妄動的，相反氣機是均勻的，整體如球一樣在鼓盪圓活。只有掌控了尾閭的開關，才能掌控丹田運化；丹田氣機掌控自如了，腰也就同步被掌控；整體協調平衡，達到周身一家；合氣合勁，八面支撐，中正平圓。

走架時，如摟膝拗步分虛實勁道，虛腿後腳跟蹬地產生實勁上轉尾閭至命門，開始先蓄勁；腳大拇指一點地，隱白穴、大敦穴聚氣，內旋內扣開胯、圓襠，尾閭須要前後推移；尾閭拉開、鬆胯、提胯、坐胯、翻胯、圓胯；這個過程虛腿腳大拇指點地一抻，發生虛勁導向襠處上托。丹田是蓄勁的根本地，同時尾閭向前推送腰肌發動全身運化，就如小車後驅動。胯坐穩了，尾閭推動全身氣機的發佈，即中定勁道的傳遞。因為尾閭是丹田的總開關，丹田氣機的發佈是掌控全身筋脈的運化，所以說太極拳的開合是在尾閭上進行開合，在尾閭上進行中定軸虛實陰陽轉化。

尾閭啟動，氣機全身發佈了；尾閭一停，全部歸位元合中。太極拳根本的勁道不在腳跟上，是在骶骨處。只要尾閭氣機足了，後腳跟勁道自然就滿貫下沉回彈，有上懸之勁道，這是實際的中定勁道的太極走架。

尾閭氣機發動是跟誰進行對拉拔長呢？

這一點很重要，尾閭氣機一動，同手上小指和大拇指兩處微細點進行對拉拔長，輕靈微妙。所謂的「上虛下實」，這個虛不等於空，是神明靈動的意思；而「下實」指的是意念氣機集中丹田及骶骨處，是氣機意念的「實」，非純粹形上「實」，否則雙重站煞。

氣沉丹田鎖定尾閭骶骨，進行前面恥骨和後面骶骨的合攏，即「吞陰吊肚」，稱之為「實」。上面的「虛」不等於空，應該更加具足神明，令眉間舒展，耳根空靈，這才是真正的「虛」。

骶骨尾閭與小指的對拉拔長，實現了周身一家，整體八面撐開的效果。走架是骶骨先動，然後開始虛實運化；骶骨一放即鬆沉，一鬆沉骶骨即蓄勁；此時意念觀照有紅色閃光點勁蓄在丹田，實際是在骶骨上鎖定擰緊，它是總開關，如刹車一踩即停，因此骶骨是奧妙無窮，不可思議。骶骨一動，全身氣機啟動發佈；骶骨一合，全身鬆淨，氣機歸位，好比漁網撒出去，主繩索一拉便合攏到位。

練太極拳一定要找機關處，鎖定尾閭氣機掌控外三合、內三合，同時平衡內外三合，這樣有利於身心的鍛煉。練太極拳不是為了追求形架，主要是把內在的氣機發佈到有形的身體上去，滋養身體，令無形的心氣伏住，氣合心安，每每當下放空自我，得到心性上的解脫和自在。

以太極腰為主宰，而主宰太極腰的核心是尾骶，體現在腰眼。所以骶骨未動，腰眼不能妄動。腰眼也是一個驅動牽引作用的環節，所以要很好地解讀太極腰為主宰的實際含義。走架時一定要體現上虛下實，因為所有的氣機啟動在底下，尾閭的氣機要意念聚氣合勁擰緊。

上身的虛不等於空，手要輕靈以意念導引眉間拓寬，耳根放空下垂。太極走架要抓住那根骶骨，一拉全身回攏，一放全身即放開。正如漁夫拉網，不必要入水，只要繩索不斷，網一啟動全部回攏到位，所以這是「周身一家」在骶骨上得到一種最實際的體驗和操作，習練者也可以去體驗撒漁網的勁道和氣機，同時也可以體驗梢工搖櫓的勁道。

上身驅動時，要讓腋窩極泉穴放空。由肘在牽引轉動，肘是腋下氣機的外輪轂；腋下是中丹田氣機外在的轉換點，而肘也是一個輪。上身這個輪體現在肘的驅動，而下身那個輪體現在胯，所以上身走架時，定要用肘來驅動，如蒸汽機那個大輪轂在驅動，同時立掌坐腕合胯與膝。走架時一定要有掤之意，掤不是力的擴張，是氣機的膨脹放大，也是意念心力橫著放鬆。走架鬆沉到骶骨為準，上端至大椎穴為準，這之間產生腰脊柱上下對拉拔長，同時又產生前後對拉拔長。鬆沉不僅是在後腳跟，更重要的是放鬆並覺知意氣到尾骶骨，腳後跟女膝穴內側的照海穴自然就生根了，但同時有懸浮之意。

太極走架氣機在大椎穴和尾閭兩處貫通對拉拔長。

含胸拔背、溜臀是對拉的關係。含胸拔背使大椎穴提起；溜臀使尾閭下沉往前轉，使大椎穴和尾閭對拉；放鬆是前面放下去，但腰脊要豎起來，大包穴合足五里穴進行彈簧式拉扣。同時切記：走前襠更有利尾閭聚氣合勁。故說前襠是「實」，後襠屬「虛」，實現總開關「正中」的效果。腰脊兩端點，大椎穴和尾閭是支配全身氣機的發佈，起到提綱挈領的作用。

觀照意念全身走架的核心點，即大椎穴和尾閭。太極走架練氣煉心為根本，儘量守神意念內固精氣進行走架，是真實受用太極智光的加持。

走架時心要：鬆、淨、空、明、虛、靈。身是有形的「身」；心是無形的「心」，心有多乾淨，身便有多細行，如水有多乾淨，冰便有多透明。願太極人深信明白：太極中和之道是善業，是心性解脫道；日久習修令人妄念放空，日常對境無壓力無畏懼，心無掛礙，出生心性智慧妙用，一生平安，利國利民，積德行善。

筆者熱愛太極，從禪修氣脈明點角度去解讀太極人生，帶著思想智慧靈光去習修，培養智慧，鍛造精神力量，出生天性的信心，譬如魚投水不疑被水淹死，又譬如大熱天無疑在大樹下乘涼會乾燥而死。不造作信心，具足出生太極導引功德之靈智。一生堅持，一生相隨，心誠則靈，出生靈通妙法，無怨無悔，無我無爭，中和圓融。

體悟十四

太極養生之道，離不開腳下照海穴的踵息導引，並且它是身體氣機的總開關，啟動丹田先天的氣機發佈命門脊背，合周天循環又回歸照海穴。

十四、傳統內家心法與武禹襄太極的融合

◆人生最大的煩惱是來自鏡子前的投影幻化所謂的「我」，能調和任脈氣機，督脈就生機無限，陽氣上升，有了純陽之氣令人中正大度，就能兑現養生之道，同時解放鏡中的「自我」，虛融清淨空明。

練太極拳時，特別是楊式小架太極拳和武式太極拳，在走架過程中一定要和大周天養生之道相對應，這是武禹襄留給後人的養生法寶。武禹襄講到了太極拳起承開（轉）合、中定、內氣潛轉、意氣圈、周天運化融一體，進行走架和養生。

首先要瞭解身體結構，明白了身體結構之後，才能更好地把武禹襄的太極拳原理融入先天潛在的氣機，即大小周天運化規則相應進行養生修身。

大小周天的規則：從丹田、小腹出來兩條脈，一條往上面走，是任脈；另一條從後面上來的，是督脈，這是小周天；然後從大腿兩側下去，從大腿內側經足底到大腿外側又到脊背，這叫大周天的循環。武禹襄講到了每個動作裡面有起承轉合：「起」，起於腳跟；「承」，承於腰胯；「轉」，也就是開的意思，開脊背，腰胯氣機直接上傳到脊背。這一過程在於背部，屬於督脈，督脈屬於純陽的氣機，覆蓋面屬於虛實中「實」的一面。實屬於用，屬於開，屬於氣機的一面；然後通

過百會，舌頭搭鵲橋，通關之後屬於任脈；任脈屬於陰，陰是母體，陰陽互根，有陰才有陽，陰屬於虛，屬於空，所以往下沉，歸丹田。

其次，在任脈這一塊，要結合武禹襄的合，起承轉合的「合」。「合」這個步驟要跟任脈達成一片，合來還虛歸鬆沉。所以在「合」的過程中，儘量兩肋放空，肘尖下垂，眉間放寬，心氣下降到照海穴；在轉身的時候，一定要放空前面這一半鏡子帶來的所謂的自我，要放空、虛化，如降落傘打開慢慢鬆放鬆沉。背面是「實」，前面是「虛」；背面是「有」，前面是「無」；背面是「真」，前面是「假」，所以既然是假、空、虛、幻，就應該放下。人生最大的煩惱是來自鏡子前面幻化的投影，調和任脈、督脈，陽氣上升了，有了純陽之氣，就能兌現養生之道，放空自我和煩惱。

在練太極拳的過程中，一定要掌控好太極拳「虛」的一面，就是「合」，合來還虛。每一式動作裡面有三分之二都屬於「虛」，即「三虛抱一實」。因此在走架過程中，遇到屬於「合」「轉身」處一定要放空、放鬆、鬆合、鬆沉至照海穴。「虛」到極點，通過湧泉穴，然後再轉膀胱經上傳，這是純陽之氣，產生無限的生機；然後通過脊背產生一種勁道到胳膊和肘少海穴，運化開合，又回到「合」虛。

走架順應大周天的氣機，即順時針，從陽到陰，從陰到陽，是沿著順時針在氣機上相應走架。整個練太極拳的過程中，是在大周天的氣機上去走架、運化。

在走架過程中，一定要掌控好起承轉合，陰陽虛實、開合升降、吐納屏息。比如說，開的時候屬於吐，合的時候屬於納；吸氣是納，吸納到脊背，這是由小腹吸納到脊背，這一過程可以屏息轉化，然後由命門至大椎穴進行發佈稱之為吐。

走架過程中，每個動作都要心理暗示，如同樁功的心理狀態，意氣支配走架。走架如樁功推移，心念清明，掌控動作陰陽、虛實、吐納、屏息、升降、開合等變化。這樣就把武式太極拳的起承轉合與大周天、吐納導引實現渾圓一體，形即是氣，氣即是形。只有這樣才是真正意義上的修身明心的走架，來去收放自如，心無壓力，相應大周天法則養生之道。

站樁的時候，雖然是站樁，一定要暗示自己是坐穩而不是站立，由承扶穴托胯，由胯托軀幹肢體，如是坐在那裡休息，耳根反聞迴光返照，放空一切內外境。定要如是觀照，觀照自己是端坐，後面如有個高高的凳子托住，如夢如幻、綿綿柔柔、平平淡淡、空空靈靈的狀態，妄念放空，心地清明。

一呼一吸、一升一降、一實一虛、一陰一陽，一開一合，這樣太極拳一招一式與吐納、周天導引運化圓成一體。所以筆者認為，太極拳能夠開發心性靈覺，益智延壽。

體悟十五

太極走架，兩腳根的勁道如水浪推動承托，如船的胯任運互動，上盤如艄公搖櫓，悠閒自在。

十五、太極內圈心性走架的體驗

◆上下坍塌重疊、一前一後螺旋反轉氣機產生中定勁道，同時內在氣機運化同外形走架反方向，從而出生形上中定勁道和無形中和氣機，這也是太極靈魂主臬。

太極拳的「鬆柔、圓活、虛靈、空明」，是根本核心技巧，是神明靈智的通道，是融入心性的必經途徑，也是習練太極拳的基本軌道，把「我」化空融入性體，還虛清明歸無極。

虛勁道主導心意的「內圈」，以養心為本。

大多數人始終在套路外圈上走架，僅是比畫手腳，心氣容易被走架套路所支配暗耗，心念做不了主，練了一輩子太極拳終究是套路招式和勁道，不入丹田無法真正意義上安養正氣入先天涵照，反璞歸真，長此以往造成太極體性的不相應，造成心力精神不足，煩躁憂惱，五官生硬，目光清冷。

走內圈是與心性虛明相應，是淨心、安心、明心，也是真正意義上的太極拳修習之法門。

內圈是體，是根，外圈是用，體用不二一。若能集中精力在身上以任脈、衝脈、陰蹺脈為主導經絡根本母體上下功夫，把身體勁道如「冰」化成水般不造作，自然會令氣機入神明、歸真心。其實太極思想是中和之道，表現為虛實合一，色空合一，矛盾合一，陰陽合一。譬如簡單說，把「冰」化成水，至善至柔至剛。

中丹田心肺氣機運化的核心要處是什麼？

走架時，腋窩放空鬆沉，有利中丹田的氣機鍛煉。腋窩是中丹田的機關處，有一極泉穴，功用是寬胸理氣，凝神安心。太極拳盤架之際，極泉穴涵蓋觀照，令平圓斜圓的勁道，牽動中丹田上焦氣機的運化。太極養生的目的，是讓後天氣機回歸下丹田的母體，並照應大周天涵養之道。因此走架之時，留意覺知腋窩極泉穴氣機的運化，也是用功安心契入點，同時也是氣機和勁道雙向互動轉化的通道。中丹田氣機是無形的，也是無法直接觸及和調和的，現在依極泉穴將氣機含攝運化，合歸下丹田。若能把腋窩鬆放、鬆空，拓寬橫向撐圓，橫膈膜並得到舒展，那麼肩膀自然脫落合腰胯，胯如託盤承載上身，並且沉穩靈動又聚氣，如是走架運化，讓人心平氣和並釋放壓力。

極泉穴是中丹田氣機調和的總開關，是心體外顯有形的要穴，是中丹田交匯下丹田的核心用功之地。腋窩處放空撐開如拱形，始終維持狀態，又如球在旋轉，抱球撐圓，即「球人」合氣涵養運行，無夾緊壓迫之感，無拉扯之感，無拘謹滯留之感，靜心觀想意念，上身慢慢變成空蕩圓活，自然就會流露眉間放寬、虛領頂勁、大椎穴充滿中定氣機、耳墜心氣穩當、心體圓明等境況。

極泉穴與內圈走架的相應相照，入正軌道的運行，留神觀照意念，定能見效。如是一來中丹田之氣自然滋養我們的「心」明理悟道。

下丹田內圈氣機如何運化走架？

胯下合處中間點會陰穴是衝任督三脈交匯地段，調節全身氣血陰陽，又是周天要穴，此處具有強大氣機，意念觀照氣感效應自然產生。

觀想胯下會陰處有∩型氣機、有彈性，有氣機鼓脹橫向撐開，腰胯自然會從大腿內側鬆沉鬆放至照海穴；同時反彈虛勁從內側上升托頂丹田，令丹田生根靈動。會陰穴又稱為海底輪，在順逆轉動，如陰陽魚的游離，此要處是下盤內圈走架的主導氣機，也是全身氣機走化的總開關。會陰圓襠開合、由下承上托住丹田，推動運化有形腰胯脊背行拳。

走架下盤時，會陰筋脈組織有渾圓、拓寬、展開、弧形、旋轉之感，或者說是海底輪在轉動，自然產生暖樂氣機騰然。腋空，胯空，欲空，人空，眉心空俱生大樂：空然，自然，超然，泰然，安然，本然。

極泉氣機、會陰穴氣機如何雙運互動走架？

中下丹田氣機運化是折疊交叉，即反方向吸引吞噬坍塌中和潛轉合一。如摟膝拗步：右腿鬆沉至照海穴，反彈勁至會陰穴，又從會陰穴氣機傳遞至左腳後跟到照海穴；同時左腳大拇指暗暗點地扣拉，產生銜接勁道上傳並令會陰穴蓄勁產生氣機，上傳由中脈直達頂輪百會；相吸相照，一來一去，上下合一，天地交泰，合氣合勁，是隱形的「襠」，是大妙用，暗藏玄機；圓襠空襠時，由根部氣機從下承上推動丹田命門吐納使腰胯脊背自動走化，並且銜接上身腋窩極泉氣機互動雙運相吸。切記：會陰穴海底輪是全身心總氣機能量要處，鬆沉腰胯丹田的目的，只是為了會陰穴被啟動運化而妙用。

再說鬆肩沉肘、含胸拔背時，走架立圓勁道令胳膊在胸部正面開合旋轉，略為側轉運化，切記：吐氣橫膈打開含胸，心氣後移貼脊背，即拔背，這是為了更好令極泉穴氣機暗勁走下弧，推動中丹田氣機坍塌交匯下丹田先天氣機運化，令心體安舒泰然，神氣自在，印堂開明，腰胯輕靈自如；同時小指的少衝和少澤穴氣機進行虛靈輕巧領勁運化，這是上下丹田交會調節微妙法。極泉穴氣機同會陰穴始終反方向運轉。如摟膝拗步開時，眉心拓寬腋窩氣機向前運化；胯下∩型會陰穴氣機且要向後方扭轉運行，一前一後螺旋反轉產生中定勁道。再者內在氣機運化同外形走架也是反方向，從而出生形上中定勁道和無形中和氣機，這也是太極走架的核心機要。

內圈氣機能令上下丹田氣機無端無始交泰圓融，是道教丹功原理，同時也是禪門秘境之道。

要守護三要處：眉心印堂穴、腋窩極泉穴、胯下會陰穴，此三穴是趨向內圈氣機合心性。走架以此三要穴為主導，易靜心尋覓體驗太極玄機：鬆、淨、空、明，只有這樣才能進階神明走向太極養生導引之秘境。

體悟十六

有形的太極走架，出生無形的意氣，意氣歸位，中和無為空心處，空心非空出生靈覺光明，靈覺圓明非禪修無奈何。

十六、借練太極拳，使自己更好地修行

◆一人一太極，一心一世界，一念一淨土。此生託付真太極，真偉岸，真丈夫，一路走來，一路蓮花，感悟人生，覺知人生，自在人生妙吉祥。

太極拳有多種流派，每接觸一種，會發現它的拳術套路各不相同，習練風格也不同，但核心不異。太極拳是將中國傳統的道家陰陽學說、中和之道、無我無為思想融入散手的拳術，時至今日當把練太極拳為養生之道。

清代名中醫章楠《靈素節注類編》自序中寫道：惟人為萬物之靈，稟陰陽五行之全氣，故卦象必有六爻也。太極動而生陽，靜而生陰，則太極為陰陽之根也，是故陰陽貴平。

練太極拳是練陰陽平衡，先要瞭解陰陽學說、中和之道，並不是單純地比畫幾個手腳動作；同時需要通過套路導引氣機的柔和受用，如天鵝一樣，在奶和水混合相伴的情況下，通過吸水分離受用。

太極拳前輩們留下的套路，是根據他們當時對心境氣機的體悟和解讀，通過形和氣的相應，貫穿他們自身個體氣機導引載體的展現，形成了各具風格的拳架。

武禹襄、楊露禪所創的套路，就如設計開發的軟體，先由不成熟到最終定型。編排動作的目的，也是為了更好地解讀人體陰陽氣機運化，更深刻地解讀人生的真諦。

《內經》言：智者察其同，愚者察其異。套路是用來悟拳明心的，練太極拳要少點套路，多點智慧，靠的是解讀傳承人的境界思想和個人的領悟，這樣才能守住同體共性之大道。

人的一生來到世界上，是為了安心覺醒體驗生命，相信因果，安心做好人，安心做事，安心過日子。心安自生顯現智慧，潛能大受用，心是無上微妙法。菩薩用心度眾生，科學家用心做科研，太極拳人用心練神功。太極拳習練到一定程度，要用心意練架，脫形於架，否則反而被拳架纏住，局限於套路本身。

內外三合習練有準則，那就是行拳一定要與心相應，與心氣相接，行拳架時要讓心安舒，內固精氣神，這是極其重要的前提。因氣機神態心境各異，世間走架解讀各異。有個總體的判斷依據是：太極走架若出現胸悶疲倦、心氣有壓力等狀況，則必須調整，否則非太極養生之道。

先規範形架，逐步習練內三合，往後脫離形架。練太極拳觀念要改變，不是要一心推倒假想敵，要練就一顆至善至柔至剛的大愛心，遠離在格鬥化勁上用功。

我們要想辦法把心性啟動了，只有心力強大了，才會超越形體的桎梏。

練太極拳是為了身心健康，在身與心的關係上，身體往往會因心力（定力）強化獲得超越和掌控，內心遠離恐懼和痛苦，通過身體的體驗來降伏自我，融虛空靈。太極拳的精神不盡是練形架和勁道氣機的鬆、空、圓、活，這些只是技巧而已；更重要的是調心、化空妄念，成就心性智慧的妙用。

練太極拳要付出時間和精力，把它當作一種無形的「生命飲食」，進行覺性營養的吸收，是一種生活觀念。有必要對傳統思想理論有所瞭解或去揣摩，因為太極拳是思想精神的導引術，走架沒有思想是悟不出拳架個中的奧妙，通過動態中和之道的太極行拳，去覺知你的舉心動念及氣機顯現。

如楊露禪的幾大弟子，各具個性和解讀方式，將太極拳傳播弘揚光大。我們一定要明白，拳架幫助我們去體悟，覺察內心，感悟人生，故說：「一人一太極，一念一品味，一心一世界。」

通過練太極拳，可以吸收傳統思想的精髓。依太極拳去解讀，理解生命陰陽運化氣機，這是屬於內在的體驗。通過練習動作，從有形練到無形，進而練到心性層面，吸收宇宙中和之道的精髓，滋養身心，具足思想和涵養，定能練好真正的太極拳。

形意拳老譜裡面有一段話，放在這裡筆者覺得很貼切，供大家參考。「心定則神寧，神寧則心安，心安則清靜，清靜則無物，無物則氣行，氣行則絕象，絕象則覺明，覺明則神氣相通，萬物歸根矣。」

如果每次行拳都能釋放內心深處的壓力，內境清明空靈寂靜，外境和諧，使身心得到休息。那麼此生託付太極修為是真太極，真偉岸，真丈夫，一路走來，一路蓮花，感悟人生，覺知人生，自在人生，妙吉祥。

體悟十七

太極拳是中國人的「瑜伽術」，走架之際心念當要正確，中和圓融，遠離一招一式末端矛盾的鬥勇競技，該當在氣機層面去覺知淨化生命，進階在心性上了悟通達人生。

十七、太極禪修觀心覺知的體驗

◆量子世界，時空虛化一體，心境一元，意識與物質無法切割，所以前身、今世、來生，是蟬聯一體不二，因果關係也非戲論。太極拳非格鬥術的技巧和方法，否則心中培養永存「自我死敵」，暗耗精氣，背離太極修煉的宗旨，心念不正，念念惡因時空轉換生生世世遭惡果。

太極拳三個階段：練形、練氣、練心，借內外三合及深層次觀修，達到綿、柔、鬆、淨、空、明，靈智妙覺的境界現前受用，走進生活。

如何將陰陽二氣中和體用呢？

借助幾大穴位，如百會、印堂、勞宮、命門、丹田、大敦、隱白等穴。藏傳佛教所修的拙火定，也是從下丹田、心間（心輪）到印堂（眉心輪）、百會（梵頂輪）進行運化的，在下丹田法源三角處產生猛烈的能量轉化為光明解脫。道家、佛家有相似穴位來修真治煉心性。生命現象只是心性的導體，心性具足穿越周遍時空的潛能，是永恆的主人。

腧穴天然具生物磁場超感效應，稱之「零界空間」，是生物量子超感效應。若能在「零界空間」練太極導引術，定能產生意想不到的效果。太極拳直接利用身體的「零界空間」來進行走式運化，如入時空隧道。站樁時，意念內圈陰面極泉穴、大包穴、會陰穴、照海穴、中府穴的氣機，在身體內無端循環地運行，是周天運化，是零界空間生物量子糾纏效應，心氣精細微妙。

量子世界，時空虛化一體，心境一元，意識與物質無法切割，所以前生、今世、來生，是蟬聯關係體，因果關係是定論。丹田是「電源」的總開關，從丹田開始，分成幾大條「高壓線」，氣機通達會陰、足五里、極泉、大包、印堂、眉間、天突等穴，到脊背。氣機傳遞的速度，猶如電磁波一樣。

意念能超光速地傳遞到身上的穴位，產生生物量子糾纏效應，在人體上表現出來的稱之為虛靈，不經大腦的念想，是自然反射、不造作的直覺。要貫穿一個念想，那就是儘量把妄念貪求疊加的「我」，觀照化空，並篤信不移。

核心行法：樁功與走架。

站樁意念身心放空，啟動關鍵穴位，氣貫全身充滿能量。如果肌肉緊張，穴位封閉關門；若筋皮肌肉放鬆，則心安靜，穴位打開，氣感磁場增強，如雲散日出，水淨印月顯空。

站樁啟動大周天的有關重要穴位，融入零界空間，氣機從極泉穴和中府穴鬆沉到照海穴，大包穴跟足五里相呼應，還有下丹田同命門一來一去地吐納。樁功放鬆、放空、圓融，陰陽二氣中和充斥發佈彌蓋到身上的主要穴位，磁場強化，天人交感。

太極拳的後階段是小架變無架，太極歸無極　，也是心性上的禪修，融化無極虛靈空明。有的人總是會執著走架氣機和勁道，會得不償失，勞心暗耗。太極是思想和智慧，借形架練氣，借氣煉心，看見的是套路，看不見的是心。水有多淨，冰就有多透；同時心有多清淨，身形便有多細柔。因此我們要以太極智慧的正念覺知支配走架，調心調身，調身調心。

修道者有信仰，創業者有信念，太極人當有強大信念，否則空架無魂，僅是比畫手腳動作而已，自欺欺人自我陶醉而已。太極中和思想是信念的母體，是信念的原動力。深信太極是智慧明燈，一路不狐疑，一步一腳印，過程真切，如是太極真行者。

安養靜坐，令心歸正位。

第一步，安養靜坐時脊柱要筆直如銅錢層疊。脊柱挺拔，要求鬆肩沉肘、含胸拔背，極泉穴大包穴撐圓，手呈抱球狀平心口，臀部要用兩寸至三寸厚的墊子把尾閭骨墊住，令脊椎豎起。禪坐時腹股溝、足五里穴自然要鬆放鬆合，會陰上提關門，托住丹田氣機向上，接下來觀照百會、大椎、眉間等處皆有芥子大的明點，是內斂內聚進行內部衍射。觀照意念，令生物量子壓縮對撞坍塌並釋放高能，在觀照時需要心氣平淨清明如觀秋水印月。

第二步，手掌握拳無名指中指扣大拇指，從腹股溝足五里穴撐直立起、拉升脊背抻筋撥骨，收腹含胸拔背虛領頂勁，舌抵上齶，下頜內扣（心臟頭部要放鬆），讓命門腰椎有放鬆的感覺，此處定要放鬆，否則時間久了對腎有壓迫傷害。眼睛不能閉上，眼睛閉上容易造成心思妄想、散亂掉舉、昏沉幻覺。眼睛要垂簾，眼皮像窗簾一樣垂掛下來，三分眼。此時掌控鼻處的呼吸，覺受鼻孔氣流如去如來無掛無礙，緩慢細柔如抽絲，鼻子從來不騙人最真實。心平氣和，鼻根無息，氣息越來越細微。人熟睡時鼻孔是沒什麼氣息的，心靜氣和，因此在鼻孔處掌握氣機是殊勝訣竅。

眼耳二根在走架時有著殊勝的功能。

眼觀六路、耳聽八方，耳是腎之門，是先天之門，是神機靈覺聖地。腎氣是先天的氣機，耳垂要意念下墜至肩聚氣；丹田氣具足腎氣足，命門也具氣，耳廊豐厚圓潤。

禪修靜慮，借助耳根聞性這個先天虛靈的功能，讓心氣融入零界空間。耳根性能強大，通過其虛靈功能，讓心氣過濾和休息。通過耳根禪修，這是很重要的。意根如猴子搗亂、老鼠亂竄，或如飛鳥無處可安。太極拳終極心氣虛靈可以通過耳根修煉出來，再者耳聞本為虛。

耳觀世間音流心不掛礙，如答錄機無記憶體卡，如空谷迴響，應聲無住，無所不應，不留痕跡，無掛無礙，保任自如。耳根在禪者心裡是不共解脫道，耳根圓通，應聲無住，無所不住，任運自如，不求入定，不求涅槃，不求解脫，念念木然，念念直心不遮不堵，聞性頓超，觀世間音聲海，以無我心得大自在。

心性到達耳根時為聞性，並且直接到達太虛空性法身生命主體。通過耳根聞性，入虛靈境界出生智慧。通過身體及套路練勁練氣，煉出一顆虛靈的心為根本，但不能離開耳根反聞助道。

眼根光明氣脈妙用。

凡事萬物投影到內心會產生各種想法和困惑，這時自我意識的煩惱就開始了，「為什麼」「是什麼」糾纏不清，顛倒是非。這個世界形形色色直接誘惑亂人心，人生也時常受眼睛幻覺欺騙，所以要淨化眼睛。

行拳時眼神柔和放鬆要游離自主，心氣不散亂放逸。禪坐時眼睛垂簾，耳根應聲反聞，心氣穩當，此時眼睛如鏡子打開，照清眼前的世界，也好比沒有記憶體卡的攝像機，照得清清楚楚卻沒有晶片可存。眼根調伏如有眼無珠，無意無心，無掛無礙，顯空不二，清清明明。如人發呆發愣發怵的狀態，心性流露，眼睛光明。

耳根應聲無住，眼根見而不尋伺，耳聞如空谷一樣無心回應一切世間音。當眼睛累時，可以微閉眼睛，守住眉間這個穴位並要放鬆拓寬，觀照眉間明點越觀越細如芥子閃光。閉目養神，神就在眉間養。通過耳朵練虛靈，通過眼睛練光明，通過眉間練神明。

眼根是智慧視窗，耳根是靈覺窗口。不論是道家還是佛家，還是太極拳，殊途同歸的，萬法歸宗。

耳根眼根殊勝行，是太極進階神明的通道，藏傳佛教的禪修也是通過眼睛氣脈，光明三虛空瑜伽以及下丹田拙火定空樂無別來獲得大自在。漢傳佛殊勝道靠耳根「應聲無住聞性頓超」耳根圓通得自在。

太極禪修，超越形體意識的桎梏，超越鏡子中「我」的妄想，超越顛倒的偏見妄念，心力強大有根，自主自立，否則妄念紛擾憂惱不安。內心無主無靠是人生「苦」本，所以人生要正見自主，自明自立。

太極拳非單一格鬥的技巧和方法，遠離心中培養永存的「自我死敵」，否則勞心暗耗精氣，頹敗生命，偏離太極修煉的方向。把太極當作格鬥術，就好比黠猱啖虎得不償失，或只停留在外三合、內三合上，就如錦衣夜行。借助太極禪修，把生命中最真實一面修煉展現體用，太極人生妙吉祥。

太極拳練勁、練氣，而太極思想是提煉心性。太極和拳術是兩個範疇，太極的拳術來練勁道和氣機，太極的中和之道來養心性，裡外合一，同時又兼融佛家、道家的修為，一路蓮花清意無限。

走架過程借形練勁，借勁練氣，借氣煉心，安心明理趨中和入道。通過皮部筋膜骨肉，再練到經脈，層層深入心處。養生之道非純粹追求身體健康，更是要把虛靈神機變化上身受用。如果心不乾淨，體現在身上太極拳是邪惡格鬥。依照無我、無相、無形、無求、無爭、無勇、無畏的正念觀照和靜慮，主導太極拳的導引，培育生命造化。

太極中和之道煉造人的心性，心性修為不離零界空間，引化太極走架、引化人生、引化生存空間，人間處處充滿和諧大愛。

太極拳導引術與禪修兩雙運，筆者心切根淺但不敢戲論文字，望太極行者不妨體驗幾許，不操心不成見，一生一世，一心一念，一行一太極，念念相應，念念觀照，念念放空，念念得自在。

體悟十八

太極行功吐納是根本，中和氣機圓活從中培，綿綿細細長長貫全身，個中來去玄機須探究，形體勁道用意暗銷魂。

十八、觀想吐納是太極拳養身的必經之法（一）

◆吐納啓動一切氣機和勁道的運化，是根本的，是深層潛在地把精氣、意念、神明圓成一體，融入心性。

宇宙引力波的爆炸是磁場、粒子的坍塌壓縮爆炸，這個過程在人身上表現出來的叫作「吐納」。合即壓縮為丹田陰經氣機的壓縮即為「納」，後面命門陽的氣機打開為「吐」，一納一吐，產生生命潛能「爆炸」的氣機。

太極走架的每一招每一式都要融入吐納過程，吐納是最微細的勁道傳導。勁道只靠形式上的鬆沉，細要處仍然無法到達；只有通過吐納，身體如輪胎，整體充滿氣機；若不論吐納，太極走架只能說是形架，不能深入。

吐納時不論鼻孔與嘴的開合，觀想氣機，是以丹田和命門兩處來體現，然後輻射發佈到全身渾然一體，技巧是處於鼻處無息狀態。

吐納與太極拳的關係如心跳與生命的關係，極其重要。尤其小架太極拳重視內在氣機潛轉中定勁道，更離不開吐納的大用。

吐納是陰陽轉化內動力，沒有吐納，不能做到虛實轉化。吐納能夠帶動一切氣機勁道，吐納是根。吐納是最深層潛在地把精氣、意念、神明涵化一起的。結合吐納進行太極拳練習，日子久了似乎骨頭也被轉化了，身心健康，精力充沛。總之，吐納是中和氣機運化的前提，而中和之道為太極拳的靈魂圭臬，古往今來如張三豐等多少聖人，是依吐納導引之術修證體驗生命心性真諦的。

太極拳的勁道僅靠形上的「鬆」往往是很難找到究竟的根，通過吐納，易找到根本。勁道和氣機所表現出來的是一種波的能量，波振盪其實就是吐納運化的狀態。人生在世是陰陽二氣所滋養的，靠丹田和命門的吐納來生長，此處為先天。人的呼吸為後天，在中丹田的心肺，我們把後天心肺的呼吸與先天丹田、命門的吐納達成一片，所以後天要歸位與先天合一。

那麼怎樣練呢？

吐納靠後天不易練就，走架是要靠後天練到先天去，吐納卻是要靠先天來練後天。氣機在吐納上，必須要遵循先天的法則，再引導後天返璞歸真。練拳架，是要把後天歸位於先天。拳架是個外形，要練整體、練合一，但最深處時要靠先天吐納運化。

練太極拳，從粗略來看，從後天到先天；但從細分來看，直接調動先天。吐納是丹田和命門的一開一合、一虛一實的轉化，帶動全身筋骨、經絡進行的開合。

如用加工輪胎做比喻，開始學習太極的階段，是把輪胎的橡膠打造好，要用好的橡膠把輪胎外形做好，密度均勻，然後再把氣鼓進去，開始運轉。開始練拳架、練勁道、練筋骨時，是把輪胎的外層整合，形成整勁，達成統一。吐納就如輪胎內氣的潛轉，所以意氣圈、內氣潛轉稱謂為吐納。吐納要練好，丹田氣聚則生，丹田氣消則亡。心臟只是個表現，丹田之氣是根本。

那麼丹田如何練？就是要靠吐納來練。

整個身體壓縮得像個球一樣，這個球表現出來，就是丹田與命門的一吐一納。走架的時候，每個架的起承轉合都要配合吐納。

同時觀想能體現勁道更加微細，最微細的勁道叫念力，也叫心力。這世界上人與人之間有很多關係，比如經濟關係、軍事關係、經貿關係，把這些所有的外在框架的面紗拿掉，就發現本質是心力的較量和平衡，雙方磁場波的較量。一方如果心力強大，另一方就會受到干擾，受到影響就會隨著強大對方的感覺走。這種心力的較量實際上就是生物磁場的較量、對撞，吞噬與被吞噬的關係，表現出來就是某種有形關係的平衡，實質上是由吐納氣機「爆炸」來決定。

觀想與吐納是同步共頻的，有吐納沒有觀想，那麼吐納就無法精細到位；有了觀想，神明才會得到涵照發生培養。太極修身架，核心內容是超越勁道框架的層面。雖是初學者還沒有練成，但有必要把關這種思維和方向，進而觀想，少走彎路。如果覺得等到勁道練好，再來培養心性，可能已經慢了一步。正如吃菜時應該同步搭配幾碟菜，如果等一碟吃完再去用另一碟，就會發現沒有機會了。

為了使太極豐富涵養觀照，在走架過程勁道不能離開吐納和觀修，如是太極拳行架趨向中和之道，也能成為真正的修身太極。

體悟十九

太極拳分三層面走架：勁道、意氣、心性。勁道以腰胯公轉為用；意氣以脊背自轉運化為用；心性以耳根空靈為用。從外到內，從粗到細，從有形到無形。

十九、觀想吐納是太極拳養身的必經之法（二）

◆吐納走架貫穿同步走化，令心、意、勁三層與吐納圓成一氣，物我脫落放空，這應是太極人終極的信念。

在走架之前，要重視起勢和收勢，以無極生太極分陰陽。空空蕩蕩、鬆鬆坦坦地立身中正，耳根放空，眉心放鬆，關注後腳跟托起，尾閭前送，久久地矗立，直到自己氣機充足，便開始分虛實走架起來。太極功夫看起勢與收勢。

太極拳身法立身中正，鬆肩沉肘，稍微溜臀，含胸拔背護肫，這幾點要注意。心法方面，眉間放鬆，眼皮垂簾，鼻無息，天突穴藏喉，耳垂下墜放空，指尖放鬆，站得越久越好，感覺到照海穴的氣機充漲，有一股彈力電流把人托起之感，此時再開始走架。

太極的起勢非常重要，平常都會忽略。起勢是啟動氣機的吐納與觀想。比如找整勁時，按照太極拳的身法，鬆肩沉肘、含胸拔背、溜臀、鼓盪、藏喉、眉間放鬆、鼻孔無息、耳根放空之際，要觀想自己正當下被五彩光圈包圍住；整個身體是通透、幻化的，也是一個光圈；五彩為外光圈同身體內光圈達成一片。身體的五臟六腑投影出來就是五顏六色——黃、白、紅、綠、藍，外面五彩也是黃白紅綠藍的光圈，像彩虹一樣。觀想外界的空氣如光霧慢慢進來到丹田，越久越好如抽絲，全身毛孔都在「納」，有納才有吐。

觀想全身毛孔內圈、外圈都在吸納，觀想全身毛孔裸露，氣機如煙如霧如光，以神闕穴為中心。神闕穴是先天八卦。如果一個人神闕穴周圍很硬就說明他生病了；如果神闕穴周圍很軟，說明氣機很具足，陰陽平衡。

在起勢的時候，多站一會兒，感受整個身體氣機充滿俱生掤勁之覺受。

吐納時放空自己，觀想光化了，納時外圈的光上下前後左右全部從丹田進去，而內圈的光也全部進去，感覺整個人縮小縮小，如嬰兒，此時憋氣屏息，儘量吸住，不是心肺的憋氣而是觀想的憋氣。屏息不住時，再往外放大，全身都放開放空。吐納結合丹田和命門，拉動全身五行之氣機。在氣機方面，外面一個圈、裡面一個圈在交換，放大到五米範圍，好像無處不長眼睛，到處都是我。這樣在光圈裡，太極與吐納、觀想達成一片。

起勢吐納運化時，整個人就軟綿綿，裡外通透。

如開始做懶紮衣，要慢慢地吸納進來，納到命門鼓起時屏息，好像肚子餓得貼了背，整個腹腔往後貼，後面的命門氣機自然就產生了。接著內外轉化，就是吐了；同時腹部丹田鬆沉鬆放，這過程前面虛腿大拇指點地內扣是根本發勁點。「納」要用功；「吐」是自然的，是全身氣機發佈。這樣太極走架，只能緩緩慢行，此時一切勁道都到位了。納的時候從下到上，大包穴要儘量撐開撐圓，橫向下合。若大包穴不撐開，外面的氣機無法進入到身體。

在這個過程中虛腿大拇指點地，反彈的勁道起到重要的作用，沒有虛腿勁道的支架，納就無法進行。吐納時，腹部的贅肉都會消失並柔化有彈性；舌頭一定要頂上顎，才能做好吐納。虛腿的暗勁道推動著納和屏息，大包穴一定要撐開，大包穴撐開如鼓風機充氣，並往後略微挪動移位。虛腿腳大拇指點地圓襠，命門聚氣有拱起圓弧之狀。

腳下太極分陰陽分虛實勁，虛腿腳大拇指一點扣，產生發動勁道綿綿柔柔長長；納氣收腹丹田鼓鼓滿滿圓圓，卻不可滿心口，以中庭穴為界；然後實腿蹬地吐氣觀想全身外圈五彩光霧毛孔流出。虛勁直接決定納氣程度大小，這是機要。

納與吐貫穿走架，此時心、氣、神與吐納全部達成一片，外界似乎脫落，物我全部落空，這應該是太極拳虛靈的境界。

暗勁道走內圈，內圈屬於納，氣為根本；外圈屬於吐，吐納直接拉動陰陽二氣的中和。所以說吐納離不開暗勁道，暗勁道是為吐納助道的，吐納又是讓暗勁道略微屏息在丹田處轉化成氣機。所以內圈勁道與吐納猶如兩條腿走路，是孿生兄弟。

結合吐納的走架，調動五臟六腑氣機走化平衡，吐納氣機全部貫穿三焦，那麼三焦氣機便能調和，全身內外無處不吐納。

每個走架動作貫穿著吐納。如果一個動作覺得納有餘，前後動作銜接處還可以接著吸納，越慢越好，這樣納才能到位。結合吐納的走架渾圓一氣合勁，氣機周遍全身。

吐納是太極行功的機要，能把勁道虛實轉化歸位，真正意義上體現腳下太極，體現了氣機的轉化，體現明勁道、暗勁道之間的關係。

宇宙是「吐納」，生命也是吐納，吐納的關要處在丹田和命門。丹田是納，命門是吐。太極拳術建立在吐納層面走架，直接調動先天的氣機來導引後天的氣機走化，從而達成返璞歸真。

吐納是建立在先天的基礎上練氣機，行架走勁時是在後天基礎上進行調柔和整合。

通過吐納，再結合走架動作，陰陽二氣便能遍及全身的細微處，細微之處見真功夫。不能把一招一式理解成格鬥術。在結合吐納時，每一招每一式都能導引激發氣機靈覺，讓全身的奇經八脈、任督二脈充滿了氣機和活力。

納時，以內圈為根本，內圈為納；外圈為吐，吐主要在外圈。納在虛勁道，吐是在明勁道上，這兩個要分明。納屬於陰，在任脈這一圈，包括胸部、腹部、手臂內側、大腿內側，是身體的內側；歸屬丹田，是合，兩肋合胯吸腹，兩肋合膝，虛腿腳大拇指點地內扣，發生暗勁圓襠。吐屬於陽經絡部分，在督脈，在外圈，包括脊與背，歸屬脊背，在身體的外側是開，扇骨合腰肌具氣，虛腿腳後跟蹬地，發生明勁至命門，發佈全身氣機。

注意納是吸氣屏息，當未具足納到位時不要輕易吐出來，吐之前一定要先做好納，先屏息一點，等屏息的動作結束時再吐。

在這個過程中有四個字要領悟，即吸、滿、消、射。納時是吸與滿，大包穴要撐開，接著轉化就是消，即發佈到全身滿貫內外化空。射，動作開合，餘氣從鼻孔就如箭射出。開始會很不習慣，慢慢就會習慣；開始氣會短一些，慢慢地就會變綿長。

小腹的丹田吸是納，命門氣機發佈是吐；納時收腹，丹田緊貼命門；吐時丹田鬆開鬆沉，命門要放鬆，氣機逐漸回歸丹田，斂氣入骨。

通過這種方式慢慢練，全身的毛孔、筋骨膜全部會打開，五臟六腑的氣機、三焦的氣機就可以潛轉，上焦、中焦、下焦就會如三個氣團在滾動並一球，上丹田、中丹田、下丹田的氣機達成一片。

吐納在走架過程中是核心、是根本，只有通過吐納才能把太極回歸到無極，才能把陰陽二氣提升到中和氣機。每個架的起承轉合都要配合吐納，起、承、轉都是納氣的過程，也是合的過程。

在全民普及太極走架修身的今日，太極走架吐納導引養身是根本，內氣潛轉吐納開合走陰陽虛實，最終依中和之道內化於心，無我、無爭、無畏，外化於形，至善至柔至剛，歸正位。

體悟二十

太極中和運化，身心覺受，一切時中視聽尋常，清靜無為，秋水澄渟，澹寧無礙，物我空明，虛靈氣機，虛中領勁階及神明，內圈歸真位，外圈暗耗妄，詐委曲，枉然徒勞。

二十、太極中和之道的觀修與體驗

◆**放鬆先要調心，把情欲、名利、定解知見等儘量釋放，在日常生活中每一當下，保持平常心態，內空外鬆。**

武學大家孫祿堂先生曾經說過：「習武人貴在中和。」為人之道貴在中和，天地之間也貴在中和。那中和之道是何物呢？不同思想背景的人對「中和」有不同的解讀，筆者從個人的角度對「中和」也進行瞭解讀，供大家參考。

這個「中」字不是從視覺角度所感知的「中」，筆者的理解是非有來非無去、非有矛非無盾、非有虛非無實、非有陰非無陽，非有內境非無外境，非有精神非無物質，是超越一切時間和空間的、超越大腦思維的、超越一切物質和精神的，稱之為「中」。

「和」是在中的基礎上表現出一種動態，中是體，和是用。那「和」是什麼的和？「和」，理解是大圓融、大和諧、大圓通，無分別念。陰陽和諧、非陰非陽，精神和物質和諧，不分內境和外境；「和」是宇宙的軌道，中是宇宙的母體。這個「中和」應該是宇宙人生的主體，也是道家所說無為的本體，佛家說的空性法身，在太極拳表現中所表現出的是至善至柔至剛。

太極拳習修者都特別強調中和，練太極拳始終要圍繞著這個中和之道去摸索，去解讀自身的氣機與神明。地球在宇宙中運行也遵循著中和之道，人類是地球中的「小地球」，如果與「道」背離，那天地間就會出現混亂，也會出現不和諧，不安寧。不管是宇宙在演化過程中，還是在練太極拳的過程中，都是要遵循中和之道的規律法則。

太極拳是依中和之道的思想內化於心進行的鍛煉，這應該說是核心思想。中和之道在人身上展現的是中定氣機。中定氣機分為動態和靜態。靜態好比「球」在地上不會翻倒，有一個中定軸支撐著，人在天地間站立著，尾閭和大椎、腰脊是一根柱子支撐著，是天然的中定軸。如走架過程的虛實轉化、陰陽開合、心氣調整，達到一種平衡，是一種隱形的、動態的中定氣機，也稱之為中定勁道。如抽陀螺，不抽的時候是傾斜在地上，抽時沉穩在旋轉。虛實開合的一種轉化，轉動的平衡，是太極根本的中定勁道。

有人練中定勁道，是在樁功中體現出來的。站樁和推手時穩住，這個「中定」可能有一些片面，更像是一種格鬥技巧，把外來的力和勁道化解達到一種平衡，這些是功夫格鬥，非真正的心氣平衡。真正的中定勁道體現出來的是一種心氣的平衡，心靜、安舒、柔和，遇到外境、突發的事不會慌亂和恐懼，保持一顆平常的心。太極養生之道是煉一顆平常心，放空妄念，守住一種常態，這也是中和之道。圍繞「中和」煉中定勁道和氣機，權當太極拳的主題思想。

中定分兩種勁道，一種是天然的靜態的，在脊背包括頸椎、腰椎，保持一條線，支撐著身體左右裡外氣機的平衡；還有一種是動態的，在意氣使用時，走架過程中，通過鬆、空、圓活達到一種內境和外境的和諧，是心氣的平衡，表現為中定平圓。

推手過程純粹是一種技巧和化勁，更何況心還充滿著矛盾與對抗，好鬥之勇，這些不是真正意義上的平衡。練習太極拳當以中和之道作為思想道體，演化出「中定勁道」，是一種裡外的平衡、心氣的平衡、矛盾的平衡、得與失的平衡。在平時生活中表現出來的是一顆愛心、平常心、善心、謙卑心、包容心，否則自身練成一種格鬥的工具，在日常生活中，很難保持裡外和諧、家庭和諧。

中和之道在身體上體現出中定氣機和勁道，那麼如何才能身知呢？如何守住中和之道進行走架？這是一個核心內容。

太極拳的「鬆」，前輩以及現代人都在探索這個鬆，鬆當從「心」處放空，心處是看不見摸不著的，是妄念、知見、定解，是意識形態。日常要保持一種平衡的心態，不要貪求、不要嗔恨、不要我慢，對身邊的人與事要等持善待、淡泊名和利、清心寡欲、遠離壓力和恐懼、心氣安舒。一旦心放空了，陰陽二氣自然平衡，所傳導經脈和筋脈的氣機，令動態的身體，自然鬆放、鬆空、鬆柔。為人之道簡單、簡化、簡明，這也是太極拳「鬆」的要義。

放鬆先調心，妄念的能量是無限的。如高壓電，身體如限量的導線，一旦超負荷定會燒焦火化。放空心中的欲望和妄想，日常平凡為人；同時減輕經絡筋骨五臟的壓力，降低溫度，讓血液鮮活；善待日常守物我，包容每個當下的心念，淨化內在環境。

練太極拳要從心靈和生命深處去調節，每個當下放空自我，不要去回憶、追悔昨天的你，也不要去貪戀、等待、渴望、期待明天的你；否則心思妄念始終令人不安寧不踏實，令人恍惚，有壓力感。割捨昨天的我，割捨明天的我，認真善待當下此時此刻這個內心最真實感受的「我」。

日常對境不論是非黑白善惡，都要保持一種平常的心態。心念非常重要，心念和諧平常了，心氣就健康了。走架太極的鬆，要從根本上鬆放鬆空，要從心處向外層層傳遞。心空了，氣和了，形柔了，人心也就善了，這是心的調整。

人體軀幹四肢外三合方面的放鬆，關鍵在哪裡？

生命自從那一天從地上爬起，用胯托起世界，人的一生就承受著天體引力，慢慢變成了一種內外心身的不平衡，要在天地間保持一種平衡與鬆態，關鍵在肩與胯。太極拳特別強調肩與胯的放鬆，不單是肌肉與骨骼的放鬆，更重要的是經脈經絡氣機的聚足。在前面提到腋窩的重要性，觀照腋窩極泉穴，心力意念是最微細的無限高能，穿越時空。通過長期觀照腋窩的氣機，胳膊的經絡充滿了生物電磁勁道，肌肉自然就鬆坦了。形體的鬆不能僅在肌肉層面上放鬆，若離開了經絡的氣機，肌肉就失去彈性。肩部的放鬆首先要調整極泉穴的放鬆，極泉穴對內的延伸是對中丹田氣機的直接導引運化。

中丹田的氣機是無形的，通過身體傳遞出來的第一道門是極泉穴，調整這個穴位直接調整心氣，調節中丹田氣機綜合的平衡，中醫六經脈的診斷和治療是依照這個原理。身上看不見的氣機，它在身體裡面表現出來的是穴位，是全息體信號點，如同雷達電子波肉眼是看不見的，但雷達鍋是能看到。身體就如雷達鍋，電流如心氣，通過雷達機關信號點，接收裡外的信號，進行反干擾。同樣的一個道理，心氣強大了，穴位的氣機就強大，內在的心氣也聚足。所以放鬆從根本上說是經絡筋脈氣機涵養具足。

放鬆不是肌肉放鬆，也不是骨膜放鬆，從根本上說是讓經絡穴位充滿氣機如電磁效應。通過觀照，集中心力意念，腋窩底下要撐圓，橫向展開。在天地間的引力都是從上而下的，日久習慣性的受力，經絡都已經定位，需要橫拉鬆開，腋窩要懸空。鬆肩沉肘時，帶有一種掤勁，往外展開，也就是含胸拔背。通過鬆肩沉肘，去拉開腋窩下的筋脈，打開極泉穴的氣機，同時調節心氣下降。肩膀放鬆，人的整體就放鬆一半，同時也可以介入瑜伽有些相應體位的鍛煉。

如何調整腰胯的放鬆呢？一般人的胯已經習慣了夾緊如三角形的形態，只有將它撐開變成一個拱形，才可能更加靈動。當人坐在高凳上或騎在馬背上時人很輕鬆，為什麼？因為胯自然展開，不會被夾住。要鬆腰開胯，達到放鬆，如拱橋形一樣把它橫著去撐開，用意念心力去導引；如果純粹做外在的動作易造成筋脈的損傷，心力意念觀照所產生的能量卻不會。不論是修禪，還是打太極拳，都是通過觀照的力量開發了智慧、發動神變超能。

通過觀想涵照達到鬆胯，導引重力自然從大腿內側游離下去，如高山流水，鬆沉到照海穴。游離鬆沉時沿著軟組織運化，比如大腿內側的血海穴、膀胱經的委中穴、後腳跟的女膝穴，這樣又很聚氣；同時肩臂的重力也順兩肋後沿陽維脈、陽蹺脈鬆沉而下。

胯的放鬆在樁功上也是特別重要。通過意念和耳根反聞微勁的訓練，而達到一種鬆放鬆空，依照觀想意念的力量與暗勁道的結合運用，樁功其實是心意功，是意念樁功，用意念的涵照產生一種生物磁場，令全身裡外通透得鬆空圓明。

這裡面需要竅訣，釋放心中的雜念和妄想，依觀想和暗示是有難度的。在之前的文章就提到，耳根放空，應聲無住，保持一種虛靈的狀態，實現心與身的放鬆。心空是無形的，在形體上是鬆柔圓活，所以說內空外鬆。

站樁時，用心力觀想自身內外「橫行」放鬆，進行展開拓寬，重點在肩窩、腋窩、心窩、腹股溝、胯、會陰等，用暗勁意念從脊背的中定軸對開兩側，無限放大放空。

形上的放鬆根本在於肩、腋窩、胯部的放鬆，此三處的放鬆，上盤下盤從形到內在氣機自然就鬆空鬆放了，走架時會更加靈動。

鬆柔、鬆空、鬆和，還要觀照肩膀放鬆與胯下放鬆兩個地方，肩膀的核心在於腋窩極泉穴，胯下的核心處是會陰穴，也是任督兩脈和衝脈的交會穴。衝脈平衡全身氣血分配，這三個脈直接主導生命的生機演化。

練太極拳不能離開太極腰，太極腰離不開胯，胯離不開襠，襠離不開會陰穴的氣機。太極腰即是太極胯，太極胯即是太極襠，太極襠即是會陰穴氣機聯通運化。

依養生理念導引太極走架的根本是煉氣，機要處是襠的勁道，是會陰穴氣機在推動，行拳時前襠為實，後襠為虛。

鬆和空都是技巧，主要是讓中丹田合下丹田交泰潛轉。

中丹田的氣機由自我意識占主導，下丹田的自我意識是放空的，借用先天來淨化後天，要把後天中丹田的氣機回歸先天下丹田而淨化。鬆肩沉肘，沉肘是把大包穴鬆沉牽引，把心氣放空，也是把腋窩放空，這樣心氣更易鬆沉歸位下丹田。胯∩型撐開放鬆，上下氣機自然坍塌重疊。此時定要明白丹田的氣機是由襠來決定的，襠的氣機是由會陰穴來決定的，這個過程內心要放空，形上要放鬆，太極拳氣機勁道基本走化是這樣的原理。

貫穿日常走架如何落實中定勁道？

當球在轉動的時候，看它是靜態的，但裡面實質上是一種氣機的平衡；當球不轉動的時候，它也像一個不倒翁，它的裡面暗藏的隱形中定軸在支配，稱之為空心中定軸勁道。抽陀螺，當抽打它時立起來，不抽打就傾斜，這是動態中定勁道。動態與靜態合一的中定勁道，正如是太極拳所展現出來的陰陽互根、虛實互根、中正平圓。

無形的中定關鍵點是在哪裡呢？是在會陰穴。有一條很微細的氣脈叫中脈，它貫穿了海底輪、密輪、臍輪、心輪、喉輪、眉間輪、頂輪，這是古印度瑜伽脈輪，也是密宗裡面講到的三脈七輪。科學家驗證了人體確實有這種三脈七輪，而這三脈、血脈、精脈和中脈，再加上之前說的七輪，這些都是心理生理上能量儲存庫，也是妄念欲望的聚合源頭，是身體上一種特殊磁場的核心點，所謂的內氣潛轉、意氣圈，其實是在氣脈輪所產生的一種共同效應。

這個隱形的中定勁道也叫做中脈的氣機，由海底輪直達頂輪，是佛家所講的解脫通道，同時也是太極虛靈的通道。

深信前人的成功經驗，也是無上的財富，按照他們教授經驗，作為精神力量和思想母體，在日常養生的實踐過程中，形成一種信念的動力，同時也是一種情感的支配。太極拳的中定勁道是隱形的中脈，神奇玄妙，走架時圍繞這個中脈的氣機運行，一切的氣機皆從中脈出生，並且走架時當以中脈氣機為準則。

通過有形的身體進行內外三合走架，融入中定氣機，然後再融入中脈化為虛靈光明。中脈是心性的通道，中脈是智慧光明的通道，也是大道的本體，是前人的經驗。幾千年來古人們經驗的積累，道家也有講到中脈。太極拳本身是一種思想載體，太極拳中和的思想內化於心外化於形；再者太極走架本身是中和之道的展現，致中和之道是傳統思想的母體，佛家叫守中道，道教叫無為，本源不二。

太極的走架是以腰為主宰，是誰來支撐腰呢？是丹田支撐腰，丹田的氣機又是誰來啟動呢？是襠來啟用，表現出來的是尾閭推移會陰合氣。太極的尾閭正中直接跟會陰穴達成一片，尾閭是啟動會陰穴並進行圓襠轉化的機關要處。

太極拳的尾閭向前推移托襠為正中，如果不能正中，就好比老虎失去尾巴，展示不了騰挪合勁合氣。同樣一個道理，人在進化過程中雖然尾巴退化了，但是尾骶骨還在，是人體平衡的支撐點。

會陰的氣機穴位跟尾閭是有直接關聯的，一個是有形的，一個是無形的；無形的是會陰穴的氣機，有形的是尾閭的勁道。會陰穴的氣機生出有形的勁道是尾閭正中整體勁道，是虛靈頂勁氣機的保證，也是周身一家前提的保證。

開胯鬆腰，不是單一在形上進行。根據筆者的走架覺受，在開胯時，必須要觀想尾閭延伸如一道彩虹光柱跟地面達成一片。原本是兩條腿走路，現在尾閭具足了一根虹光柱子，是一種能量能把整個身體穩當托起並懸空，要有淩空勁懸浮之感，不然就雙重站煞。

在開胯走架過程中，要有「橫行推移」意氣態勢進行「橫圍攔截」的意向，放大、放空、盤架圓襠。

守中定走架，最好保持一種五五步法的平衡，如嬰幼兒走步，一步一腳印有彈簧勁，少用三七、四六走架。因為三七、四六架對無基礎人來說，容易扭傷膝蓋和導致尾閭不正的妄動；同時架大勁也過大，氣機會損耗，形架大易奪心氣，易樹「敵」。保持一種五五的小開胯的狀態為妥，當然開胯是一種形上的開胯，更重要的是保持一種觀想意念，尾閭托住丹田。尾閭的勁道是看得見的，是會陰穴隱形氣機的展示。

要觀想會陰穴和後襠，如一根柱子，是透明清晰充滿了五彩的虹光，從骶骨尾閭向地面垂掛延伸，然後由地面向上傳導地磁效應的場能，一來一去把後胯托住。又如坐在高凳子上兩腿懸掛；又如鐘擺，很輕盈地左右搖晃。有了「三條腿」時，「尾閭柱」是最關鍵的，它一撐，自然產生虛領頂勁，海底輪的氣機自然引導向上轉頂輪；同時中府穴也要放鬆，自然展現真正意義上內在的虛領頂勁，空空靈靈的，如神貫一般。同時脊背豎直，人更具精神；小腹放空，內氣騰然。總之虛實走化始終不離中定，守中定，從中定中來，又回中定中去，這是中正平圓的原理。

觀想在開胯的同時，觀想尾閭有根強大氣機虹光柱子，有彈性在推動腰胯推移走架。

比如摟膝拗步，當開胯圓襠蓄勁時，要坐腕合胯相吸相照，並由尾閭前移、吊襠催動胯走化。在這個過程，要明白太極拳始終是對拉拔長的，開即是合，合即是開，所以力偶產生，集中在骶骨尾閭合處，此時觀想這根柱子托住尾閭，胯自然打開，兩條腿瞬間靈動，並且又非常穩當。

練太極拳要練出圓滿和諧相，清淨莊嚴。因為太極行者是中和之道，同修道者是不二的，只是名稱不一樣，它是一種中和的修道，沒有一種宗教色彩的信仰，但也不能缺失信念和誠心。通過練太極拳依中和的思想來修身修道，張三豐大師也說過了，太極拳是入道的基礎。

練太極拳需付出時間和精力，不能單一去追求一個格鬥的推手技巧，應昇華為生活中的信念和價值觀，讓自己心氣平和，獲得自在心閒寂樂的雅趣。走架時定要內固丹田的氣機，鎖住會陰穴。

筆者曾師承噶舉派，得到過米勒日巴的大手印那路六法的教授，現在從禪修角度習練太極拳，有了自己的覺知和解讀，同時得到了武式太極前輩的認可。走架過程中尾閭不可妄動，一旦沒有觀想守住，易飄浮無根，就如船駛入大海一樣，刮大風怎麼辦？必須要拋錨，錨放下去，繩子拉住了才不會亂動，不然會有翻船的危險。

太極走架時，觀想尾閭被「擎天柱」承托，丹田更加聚氣，丹田的氣機是根本的氣機，推動著整個身體內外三合的運化。尾閭處會陰穴是丹田總開關，由胯推動走架，運氣下沉轉前檔為實，產生內緊外鬆，生根又具輕靈；同時心氣平和，體內聚氣合氣，眼睛更具精神。

走架過程中定要體現中定勁道。中定勁道是一切勁道的根本，是周身一家，意、氣、神合一的保證，中丹田和下丹田氣機的和諧，表現出來的是整勁的關係，如球和輪胎的勁道。

另外，筆者再次強調一下，一個自轉和一個公轉的關係，在形體方面，比如摟膝拗步，是順著外境去化解對方的一種進攻，是隨著對方的勁道而化解，稱之為公轉。在公轉過程中要具氣生根，根是什麼？根就是自轉，守住丹田和會陰襠的氣機，在走架過程中內在氣機是自轉的，跟外面的公轉是反方向的，只有反方向才能產生一種大緊大鬆大柔的纏絲勁道。汽車行駛時，輪胎向前轉動，內在的氣機是反衝力反方向轉至輪胎外沿著力點，虛實互根轉化。同樣道理，軀幹腰胯如輪胎在轉動，內氣反方向大緊大鬆轉化。

丹田內在氣機要大緊，形要大柔，這樣「襠」才能爆發出一種彈簧勁，尾閭這個襠的勁道是中定的勁道，也是一切勁道的母體。在摟膝拗步、野馬分鬃、雲手、高探馬、單鞭等動作中定要做到平胯、提胯、合胯、圓胯、翻胯，進行前襠和後襠氣機的虛實轉化，用觀想意念虹光柱把丹田尾閭托住並且吸住，如挑東西時人累了，找根木杖支撐，所以身體便有了三根柱子支撐，更具力量和自控力。

掌握好這個公轉與自轉的關係，自轉是尾閭的氣機在起作用，也是丹田氣機在起作用。理論上所講太極腰為主宰，其實這些都是它的核心內容。

只有明白了這個思路，才能在身知上受用。古人講話都是言簡意賅，濃縮精煉的字裡行間隱藏著精要，要細細探究，口頭禪難見效，再說落實到身上又是一回事。

今人練太極拳同古人的身體氣機心意略同，但古人的人生觀、世界觀、價值觀和現代人的略有不同，一切的緣起法是幻變不定的，要實事求是，要根據自身的情況，不要教條，不要迷信傳承權威。

練太極拳：一者，讓心念能夠安住，不生煩惱；二者，養生益智自知自明自主；三者，家庭和諧互敬互愛，社會安定文明有正能量；四者善護心念行正業具愛心。

練太極拳不能當動作比畫來練，是心性修道的功法，是中和中定心意拳。在走架過程中一定要掌控好腰胯、丹田、尾閭、會陰穴氣機以及中定勁道；同時還要掌控好自轉和公轉的關係。這樣整個太極拳的走架基本上就同中和之道相應。前面講過中和之道，在身上表現出來的是中定勁道氣機，中定勁道有兩種勁道：一個是脊背上下拉伸的勁道，還有一個是中脈，上下氣機脈輪在轉化。

太極走架要培養中定勁道。中定勁道是中脈氣機運化，中脈是直接體現中和之道的精神，中和是「道」之本體。太極人要和道體無為太虛相應相照，守護一顆平常心，安柔相隨，才能得到心性的解脫和自在。

沒有正確的信念，沒有正確的思想，沒有中和之道相照相應，是難以有結果的。有的人始終以純粹的格鬥術在心中占主導地位，一路過來在心中不斷培養著自己的假想敵，在心中充滿了格鬥，心中充滿我慢，定會感召無數心念敵人，進行無形的格鬥無法自主，終日心處有陰影。心念不正，惡因惡果。不能用自己有限的生命和有限的心力去創造心中的勁敵，從而成就「拳奴」造成內外不和諧，這是得不償失的。佛家裡面有八正道：正見、正思維、正語、正業、正命、正精進、正念、正定，可以吸收佛家思想，因為太極拳是思想拳，是心意拳。一旦思想超越突破自我，心力功夫自然出生靈通神變。同時太極拳也離不開禪宗的靈機和感悟，特別是六祖大師以及神會、靈祐祖師思想的點化為妙用。太極拳功夫的進階是思想覺悟所決定的。

心性篇

體悟二十一

勿以念念觀照其所以然，心身合體當下一念是真知真行，放空念念顯真諦，耳根化空化虛入通幽徑！

二十一、太極智慧主導修身安養（一）

◆宇宙永恆的本體，不是意想中的無極，不是概念，凡是腦子裡蹦出來的大都是妄念幻覺，尊重身體的法則，進行太極拳心性養生引導，展現人生大自在。

太極是自然科學和社會科學的智慧結晶，是遠古天人交感的甘露，是古往今來帝王將相處世治國的信念和修道者的信仰。太極拳非純粹一種拳術，是智慧動態在生活中的導引，是為人處世的人生觀和世界觀。

借助太極拳的鍛煉，讓身體成為智慧的載體，有利於修身和安養。太極拳之所以稱之為國術，是得到社會民眾及武林界的高度認可，同時造就成為武林中一顆明珠，璀璨閃光。

太極拳術的習練，可分為三步驟：第一步，樁功；第二步，走架；第三步，禪修。樁功、走架、禪修，三位一體無法切割。

如何覺悟去體驗樁功、走架、禪修？

現代人心性浮躁，按照古人那種方式去鍛煉，只能是望洋興嘆，但世間任何事物都有它的竅訣和契機。根據筆者對太極樁功、走架、禪修的體驗和覺受，與大眾共用如下。

第一步：樁功。樁是木樁的樁，但我們不能像木樁一樣木呆，人在靜態中像木樁立，用心意觀想，如鬆樹立在大地上，接受大地的氣機，裡外陰陽之氣交匯，在靜態中調心調氣的養生法，是意念和氣機在身上進行運化，不是一種純粹的靜態如木頭墩硬撐。根據太極拳的身法，先把形規範，比如鬆肩沉肘、含胸拔背、鬆腰開胯，尾閭正中等，鬆沉到腳跟，身心放空放鬆。在此基礎上，用意念氣機進行運化。太極拳講究鬆淨、空明、虛靈，站樁的目的也是在體驗這種意境。

鬆是太極拳的核心技術，不能過多地用語言文字概念去闡述，要用身體去覺受和體驗，在靜態中運用意念和觀想去調整身體筋脈骨肉、關節等。也就是說，在靜態中，意念觀照如鐳射掃描，不斷地觀照，達到鬆空鬆放的調整。站樁是無形的太極走架，是用心意的過程，它不是純粹的保持不變「鬆」的狀態，是從內到外進行層層通透地調整。

樁功始終要求鬆，特別是四肢關節樞紐之關要處，如腋窩是中丹田心肺氣機傳遞的窗口，上身放鬆，如鬆肩沉肘目的是讓腋窩的氣機運化靈活。

在腋窩處調整時，用心意觀照極泉穴，極泉穴氣機自然強大撐開筋脈疏導。全身不能放鬆的主要原因是筋脈拉緊，可以通過意念，用暗勁在腋窩極泉穴強化，如充電達到一定的電壓時電線導體傳遞，筋脈具足氣機通達圓活。

筋脈充滿氣機，肌肉自然鬆軟，用觀照、意念、暗勁在腋窩下的極泉穴進行充電，讓筋脈生物電磁強化。人體一旦外創，肢體關節僵硬麻木，有經驗的針灸醫生在穴位上調整，筋脈的生物電通達速效治癒。

樁功應該在內圈手足的三陰脈上進行調整，重點在筋脈上調節。筋脈的調節是在穴位上的調節，上身集中在極泉穴和大包穴，抱球撐圓進行開合，這是上身樁功的調整。

下身是鬆腰開胯，但由於人長期的生活，承受各種壓力，腰的筋脈都收縮打結，經常會受到損傷。通過鬆腰開胯，進行放鬆調整帶脈和膀胱經的筋脈，這是有難度的。

如何更好地開胯鬆腰？主要找筋脈的法則，尊重氣機的運化。

由於長期以來，大腿內側的筋脈受重力扭結失去彈性很難展開，用意念暗勁集中胯下會陰穴，放空、放鬆，然後觀照會陰穴像拱橋橫向撐開，如坐在馬背上的感覺，拓寬拉伸，令人感覺大腿兩側自然鬆沉至照海穴，令丹田的氣機自然鼓滿，命門撐開，胯展開。鬆腰開胯要用意念來調整，不會造成胯下筋脈第二次的損傷，同時自然把胯、腿內側的三陰經（太陰脾經、厥陰肝經、少陰腎經）展開導引，筋脈氣機從外至內、從粗至細，層層從有形至無形轉化傳遞。生命本身是陰陽二氣混合體，雖然肉眼看不到，但通過特殊的儀器觀察，是磁場生物波或生物粒子從微觀慢慢傳導展現，從無形到有形，形成了人的結構。所以放鬆是建立在陰陽二氣平衡的基礎上，進行一種放鬆、放空。

樁功是直接調整陰陽二氣的平衡，借助穴位，用正確的思想，但不能缺失一個信念。太極是智慧，天人交「感」的甘露，要以這種智慧調身、調心，這樣樁功就不會像木頭墩，實際上也是禪修，調心淨心融入宇宙法性本體。

宇宙虛空法界永恆的本體，不是想像中的無極，也不是概念，凡是腦子裡蹦出來的「東西」大都是妄念幻覺。只要能做到鬆淨空明，摒棄妄念貪欲，身體筋脈自然就能傳導無極的太虛清明。尊重身體的法則，鬆空鬆放，即鬆淨空明，進行調整，這樣的樁功始終在虛靈中涵照著。

站樁是根據前人的經驗，十條身法：鬆肩、沉肘、含胸、拔背、護臀、鬆腰、開胯、眉間拓寬等，把身法掌握好就如煉丹的爐子先架好，然後煉丹。看得見的是有形的身體在站樁，看不見的是心意氣生物粒子在和諧共振。太極的心是智慧靈光，本來具足，引導當受用。站樁是重要環節，從太極拳術角度來說，是能量氣機的蓄養淨化和提升，是用來修身入道的法門。

第二步，太極走架。走架一般都會不經意被套路牽著鼻子轉，內在的氣機很難展現，時間久了關節磨損，神經受損。走架是練氣機的圓活，樁功是練意念專注，禪修是調心安心和明心。

太極拳走架主要是練丹田腰胯氣機的運化，禪修是以練上丹田神明靈光智慧為主。上丹田、中丹田、下丹田是整體關係，從粗分到細分，從有形到無形。

如何才能把體內的氣機貫穿動作走架？

太極走架若沒有氣機意念，那純粹是一個空殼。太極拳是以綿、柔來體現，有利於氣機的傳遞。外家拳注重一種爆發力，是在掤勁上爆發，在身體的外圈進行的一種鍛煉。太極拳以虛勁道為主導，虛勁表現出來是鬆柔鬆坦，一般在身體內側進行運化，所以太極的功夫大都展現在身體內圈，是陰柔圓活。

要尊重太極拳的法則，既然是國術，就要遵循前輩們的思想和經驗。所謂陰陽二氣的內外圈，先說陰是陽的體，陽是用，二氣互根體用。內圈走化，借有形的架，達到調和無形內在氣機的運化和鍛煉

太極拳看得見的是走架，看不見的就是內在的氣機，不是純粹的比畫動作，是借有形的架做一種思想覺性涵照的軌道運行，讓心氣在這個軌道上運轉淨化。

所以定要明確，太極拳練的不是動作、技巧，不是一招一式格鬥術，練的是內在陰陽二氣的平衡，練的是心氣的和諧，要具足一種信念作為支配。

什麼是信念？首先是對太極思想的一種仰止，太極是智慧的結晶，是傳統文化的思想母體，要深信不疑，形成精神力量，這就是信念。對於道教修煉者來說，太極是他們的一種信仰，是思想的仰止。太極的中和思想，無異於佛家的中道中觀思想。

太極對修道者來說是信仰，對練太極拳的人來說是為人之道。日常中進行太極拳柔和走架，況且待人接物時，也要以太極的思想貫通運作細行。

上下盤身體不相應的要整合，合勁合氣，手腳、肩胯各部分要整合，手腳和內在的心意要整合，即內三合、外三合。這是傳統說法，需要長期的鍛煉，有一定難度。能否找到一種技巧？凡事總有竅訣。

筆者不是專業的太極人，卻熱衷探索此國術，依自身的體驗是先解讀身體氣脈的結構，如身體腋窩氣機強大時，心肺氣機即中丹田氣機，從胳膊到手指各關節易得到體現和展示。腋窩是開關和樞紐，無形的氣機從此處轉化為有形的勁道，牽引全身虛實走化。

鬆肩沉肘，是為了更好地讓腋窩氣機進行轉化，中丹田的氣機通過腋窩，從無形轉化為有形，傳遞並到達五指。五指是連心的，如果想心靈手巧，腋窩的氣機定要調節好。腋窩有心包經、心經、肺經經過，是中丹田外顯氣機的總匯，把三經的氣機調柔，調和達成一片。五指是心的開關，如電腦的鍵盤可以操作，五指的放空放鬆可達到調心，讓中丹田更加圓活有趣。

因此，腋窩是關要處，上身在太極拳走架時，腋窩如軲轆在轉，不是胳膊在轉動。鬆肩沉肘，目的是不要拉住掤緊腋窩，是讓它自然鬆放，具氣要走下弧，目的是讓上下丹田交匯，沉肘如老式火車外部大輪轂在牽引。鬆肩沉肘時是兩個肘在旋轉內合、內扣、內旋，是在牽引腋窩氣機的轉化，暗合兩胯骨相互牽引推動。所以說太極走架時，上身胳膊的氣機和中丹田的氣機要重點集中意念和暗勁，觀察留意腋窩的變化。

體悟二十二

修煉太極拳中和之道，內化於心，外化於形，放空武者心中自我的傲慢與嗔恨，平息妄念，無畏無勇，無我無爭，無我無欲。

二十二、太極智慧主導修身安養（二）

◆**人的意念通過觀想、觀照、觀修，產生靈智是不可思議的；只有通過觀修淨化氣機轉化出超能的光明，進階神明之妙用。**

走架時務必在腋窩處觀照氣機的變化，腋窩的氣機是中丹田外在運化的氣機展現。太極拳氣機是上丹田、中丹田、下丹田三處交會的展現，只有聯通一體才能融入陰陽二氣，融入無極的太虛清明。

上身在走架時，定要放空心念，覺知腋窩氣機變化，僅比畫手腳，那只是在妄動。一旦掌控腋窩氣機，直接傳遞到胳膊、掌心以及小魚際大魚際進行一開一合，勞宮要含虛。氣機到達指尖時，是靠小魚際和大魚際的領勁運化進行開合，所以走架過程，五指鬆開鬆柔，隨腋窩氣機開合運化。

太極走架時，手指不能僵硬，否則腋窩下的氣機就會拘謹拉扯，失去靈動。小指和拇指可以調整臂的氣機，大魚際可以調整大腦中樞神經。開時小魚際和小指領勁，合時用大魚際和大拇指領勁收回，勞宮含虛聚氣，這一點是很重要的。

有經驗的太極拳習練者手指是柔和靈動的，就如在空氣中舞蹈，手指像棉絮柔軟氣機漲滿，有強大的氣感，所以說小魚際大魚際是腋窩下的氣機展示技巧之處，腋窩推動中丹田氣機轉化。上身走架一定要抓住這幾個要點。

太極走架離不開腰胯，以腰為主宰，要求鬆腰開胯，輕靈圓活。如何更好地鬆腰開胯？這是走架過程中很重要的一部分。襠部的氣機是天然的彈簧勁，襠是胯下的核心之處，是指會陰穴。會陰穴即任督兩脈和衝脈的交會處，是衝脈的根本穴位，三脈掌控全身的氣血和陰陽二氣的平衡轉化。會陰穴氣機強化，產生高壓生物電磁波，自然傳遍全身，足三陰脈三陽脈自然就會充滿氣機。

會陰穴像拱橋一樣鬆開、撐開、拓寬、放鬆，但膝蓋不能妄動，否則氣機易散亂。在走架過程中，要有「橫行」之意坐胯。先把形架好，膝不超過腳尖，否則膝蓋很容易受傷。胯要鬆，尾閭要前送正中，收小腹，拱命門，形上先做好；進而觀想，意念、暗勁讓會陰穴區間展開，放大放空，如拱橋撐開。這些根本的穴位只要略加意念，氣感便會產生，如腋窩下的極泉穴，一撐氣感就會有感應。

人的意念通過定位觀想、觀照、觀修，產生靈智是不可思議的；只有通過觀修才能淨化氣機，並且轉化出生超能光明神通妙用。走架時儘量融介心性觀修，否則一輩子只是招式和勁道。

走架一定要緩慢，留意用暗勁觀照會陰穴，氣機強大即是襠彈簧勁的強化。所謂的彈簧勁是襠氣機的有形展現，是全身彈簧勁的根本。會陰穴是全身氣機的總開關，鬆腰開胯的目的是調動會陰穴氣機，推動全身的筋脈運化，使之相應陰陽二氣裡外和諧地走架。在整個套路走架過程中，鬆腰開胯調動會陰穴氣機是根本。

太極拳特別強調丹田內氣潛轉，會陰穴進行裹襠、圓襠、吊襠，推動丹田氣機；丹田離不開襠部氣機進行有形暗勁調和的啟動，所以會陰穴在整套太極拳的走架過程中是非常重要的。腰是起主宰作用，腰的氣機來於丹田，丹田的氣機是取決於襠部的勁道的推動，走化時定要吞陰吊肚。

太極腰、太極胯、太極襠，根本是取決於回籠會陰穴氣機。走架過程因坐胯尾閭前送要走下弧，令上身氣機往下壓縮，觀想有虹光柱托頂尾閭骶骨，上托丹田，好比上下兩股氣在丹田壓縮產生高壓能量。走下弧是讓上身的氣機鬆沉丹田，襠的氣機往上托頂丹田，即上丹田氣機和下丹田合聚，上托下壓進行一種運化。這個過程讓胯如拱橋展開，兩側胯骨同兩手立掌坐腕的陽穀穴和神門穴相吸相照，並鬆沉到腳後跟，產生反彈力，傳遞到會陰穴，因為實腿是無法幫助進行這種氣機調整的，只有虛腿的暗勁才能讓胯進行圓襠裹襠。

胯下圓襠是調解會陰穴的氣機，因此走架應以虛勁道為主體，用虛腿腳大拇指的隱白穴和大敦穴傳導，通過照海穴和腿的內側到胯下進行圓襠、裹襠、吊襠。開胯令會陰穴的氣機更加圓活，靈動運化。太極走架過程中，虛勁道占主導得到充分展現。會陰穴氣機是丹田總開關，是以支撐腰為主宰，進行調柔強化。會陰穴氣機具足，暖流自然產生，丹田也會具足暖流氣感。在這個過程中會陰可以吸屏合氣，整個走架如球狀，圓活靈動，輕巧自如。走架過程一定要注意胯下會陰和腋窩的氣機。要掌握無形的氣機就要在有形的胯下會陰穴和腋窩極泉穴進行氣機的轉化。看得見的是太極走架，看不見的是氣機，太極拳其實質是氣機的涵照和運化。

鬆放、鬆柔、鬆空、鬆和、圓活、輕靈，當要在腋窩和胯下去體驗。平常人的兩條腿、四肢僵硬痲痺，大都是會陰、極泉氣機不足造成，所以要體現太極養生之道用，當要在這幾處下功夫。

禪修是指以上丹田為根本的心性修為，心性即無極太虛，佛家的「法身」。心性不能靠思維辨別，也不是文字邏輯概念所能表達的。印度語「禪」的意思是靜慮，在安靜中放空無我無念，覺悟覺醒，在每一當下覺性任運。

禪修其實是一種最好的六根識淨化和放鬆，不能用有所求之心念進行禪修，如執著成道成仙，出神功成為武林高手等。這些皆是妄念，時間一久正氣變邪氣，產生一種偏執。

真正意義上的禪修是把身心放空，不裝「東西」，遠離純粹的修証和所謂的「解脫道」。自性主導六根分別識的休息，同時也是為人正道。如何掌握這種心識休息的辦法呢？首先要明白，太極分三步曲，即練氣、練意、練心，這三步無法切割。張三豐說過太極拳是入道基礎，更重要的是通過靜修安養出智慧得解脫，這是根本的。

禪修不能通過所謂定解邏輯思辨而成就的。今人心性浮躁，不易入道，可以探尋身體自然造化現象。如人在溪邊洗衣服完畢，坐下休息之際，心境是空明平衡的狀態，如人發呆呆愣，放大並定型這種心境狀態做為心性的安住引導。

不共禪修主要以眼根和耳根為主，引導心性直接超導的流露，身體是陰陽二氣的載體，而陰陽二氣是無極母體的發生；無極是清明空靈，要把這種空靈智慧的靈光引導受用。宇宙中聲音是占主導地位的，所有時間和空間都是聲波頻率在共振，聲音是宇宙根本內動力。耳根力量強大，同時耳根世界也是豐富的、空靈的。

禪坐時，臀位要墊高五公分至七公分，不能單盤或雙盤坐時，可按平時所坐安舒即可。鬆肩，脊背立直，頭部挺直，下巴微頷，肩平整，兩個手掌放在膝蓋上，或結個定印，右手放左手上面，兩個大拇指甲處相扣，安放在小腹丹田前。

再講耳根，耳根對心性引導是很重要的。觀世音大士利用耳根聞性安住，心性空明智慧，成就耳根圓通、應聲無住、聞性頓超。耳根聞性是智慧潛能之處。耳根心性的引導首先要把耳朵放空，聲來聲去，聲空心空。當第一下聽到鳥叫聲，不是聽，是心性第一剎那與聲波共振，不經第二念，否則是妄念啟動便會尋伺。

大腦思維常帶來困惑不安，人的煩惱都來自無量無邊日常生活的種種偏見、貪求、妄想，疊加起來產生所謂的「我」，為幻覺彙集，不具自性，不具真實的「我」。昨天今天明天三時的想法，是錯位顛倒，令人憂惱煩躁，所以人不能成為幻覺妄念的奴僕，儘量要讓心性流露受用，主導命運，得大自在。

耳根是心性流露的不共通道，如鳥語聲、流水聲、山谷回音，種種自然天籟聲音，一旦人和聲波交感，無念保任共振，妄念自然放空。同時可以用自己喜歡的音樂，但不用帶有情緒的音樂，找一個中性的音樂，從背後左耳根方向傳遞過來，因為從背後傳過來音流易令丹田氣機向脊背聚攏，脊背依靠，人更加安穩。

如果心性浮躁，可用節奏不太快的古琴樂，放在背後播放跟心氣對接；如果心氣比較平衡，可用小提琴或豎琴樂；如有宗教信仰的，可聽一些如佛家六字真言、《眼根禪》等音樂。這些音樂都是很好的，令人放空。

耳根如何禪修呢？耳聞是瞬間產生聲音的交感，叫第一剎那。什麼是第一剎那？

不作意、不分別、傻貌狀發呆發愣，但清明覺知。人身上有兩個系統，一個是思維感知，不真切；還有一個不經大腦思維，自然本能的一種輻射反應，非意識，稱為第一刹那，也是佛家所謂空性的顯現。

第一刹那是覺性妙用，第二刹那覺知迷惑錯位。相應相照第一刹那的覺受，保任對境本能不造作天性覺知，也是趨向太極拳虛靈空明的通道。禪修同樣也是去實踐體驗，去受用第一刹那的智能。

比如突然受到驚嚇那種狀態，無意識卻能感受覺知。所以聲音具威力，這說明是耳根交感力量強大所展現的。伏住的六根識，是深入微觀世界交感無極心性的通道，因此要在這個通道上進行安住禪修和太極拳修為。不造作、自然流露、念念相應，這是法要。

耳根如何安住？應聲無住，無所住無所不住，如空谷回音，聞性頓超。耳根瞬間感應聲音，沒有絲毫掛礙，清清楚楚心中迴響，無根無本。比如坐在大樹下，樹上鳥兒在唱歌，突然聽到，直接受用。如若動念乖真，刹那妄想發生。本來天真妙樂直心受用，因妄念乖巧，鳥驚懼離去。自心亂，外境也亂，生活中的動盪皆是自心妄念所致。想改變外面的世界，先改變心念，遠離妄念乖巧。耳根聽外面一切聲音的時候，應無所掛礙，自然受用。在現實生活中，眼睛所見或耳根所聞，眼見影響不大，倘若某一句「關心」話，可能讓人喜怒哀樂不得安寧、六神無主。耳根聽到不同的聲音、不同的說法易令人改變主意，耳根可以說是決定命運的主導者。

淨化耳根，生命再造，讓心性得到體用和六根識的休息，讓智慧自然流露。耳根在禪修過程中要任運，對一切音流如空谷回音，心無掛礙，在一切世間音聲海中，像帆船任運流動。

太極走架時，耳根覺知背後，心踏實，但禪修不關方位，渾圓一體。耳根能讓心性休息，比如聽音樂，煩惱化空，聲音具大威力，威力的大小取決於耳根聞性的堅固。利用天然的、造化的耳根聞性功德，直接跟心性達成一片，讓生命超越，讓心靈解脫，這是禪門經驗。筆者也是這樣安住，禪修中耳根聞性，放空任運的妙用是不共竅訣，願有緣人大受用。

至於調息，在太極走架過程中，鼻孔不能有內喘氣息，氣粗堵在心口，妄念雜亂。很多人在練太極拳的時候臉色發青，心臟堵氣。走架過程定要走下弧，讓胯外側勁道牽引推動雙肘及雙掌相吸相合，令心氣在胸部以中庭穴為界線，並且向下鬆放，橫向放空，頭腦清靜。走架時心空，氣沉歸位下丹田，令身體上虛下實。禪修同樣，通過鼻孔來調息，氣息綿細如抽絲，無聲無息，心平氣和。在禪修中依鼻孔觀想觀照，和氣成片。鼻根嗅覺是無欺的，能觀照的心從鼻根處保任，如空氣熱冷分明，香臭分明，直來直去，真切實際。

鼻根是第一剎那心性顯現，調息、調心，因為心氣不二。當人托住一物時，心意調整，自然調和氣機，勁道平衡，勁道、氣機、意念顯然是三位一體。心性是意念的母體，意念是心性外在勁道的展現。

通過中丹田煉意念力，若眉間鎖，心意有掛礙。禪修時心境自然放鬆，垂簾，觀想鼻尖處空間，有個芥子大的明點進行柔和調息。在鼻根處調息，脊背坐直，是調心法要。太極走架時，同樣眉間不能鎖，否則心中的假想敵暗鬼悄然爭鬥無休。有些練太極拳的人，一輩子心念處在格鬥狀態，出生無量無邊的怨敵，日久心相改變，五官生硬，眼神冷光。切記：太極走架守中和之道，善因善果。

太極拳練的是思想，展現的是本然的智慧，中和圓融，非矛非盾、非色非空、非有非無，是中道心境一元、怨親平等、萬法一位。禪坐時是心性的休息，眉心印堂放鬆，耳根下墜，心氣平和，令人安然、泰然、超然、自然、本然。通過禪修，把太極氣機昇華至智慧光明，進階神明，融入太虛，融入無極。

太極拳三步曲：樁功，在中丹田調意氣；走架是強化丹田的勁道和氣機；禪修，流露眉間的智慧光明和進行心性的休息。太極拳通過這三個次第實現頤養天命是為宗旨。

太極拳三步曲的運化，單一的站樁，久站傷筋脈傷氣；單一的走架，心不會得到昇華；單一的禪坐，皮肉易受傷。文武之道要動靜結合，禪修需要練太極拳，養生太極拳需要禪修。太極拳與禪修是一家，同一根本，太極禪心，是太極先輩們留下的智慧結晶，武練太極是小技，文練太極通天也。

體悟二十三

太極養生導引走架，每每心念幻變所投影弧線之圓，是千變萬化微妙極致。太極拳當應在心內走架，遠離身外技末走架，否則暗耗空過。

二十三、耳根虛靈導引太極走架的實踐與探究（一）

◆耳根的氣機能夠穿越時空，在時空相對的法界裡，耳根的聞性是最堅固的，在生命造化中占主導地位。

如何從意氣走架昇華為通達虛靈的太極走架？

太極拳講的是陰陽二氣的轉化，表現出來是襠、腰眼和胯的虛實轉化。不論站樁還是走架，虛實要分明。太極拳特別強調上虛下實，一般在推手過程，是指上下虛實轉化與平衡，是化勁過程，保持上下氣機平衡中定的一種虛實轉化，猶如「輪胎球人」之原理，也是「不倒翁」之原理。外來勁道推動內氣潛轉的上下平衡，上虛下實其實質是整勁合氣；上虛是保持內心清明平和，下實是指丹田、命門和襠具足氣機。上虛下實，內氣潛轉，虛中有實，實中有虛，陰陽二氣在內圈微細勁道中得到一種平衡。

太極走架強調腰胯，腰胯以神厥穴為水準位，下為實，上為虛。如何虛實走化？通常依意識，比如意念丹田、腰胯，是為「實」。真正下實是指丹田氣機的聚氣，從而掌控下盤根部的平衡。太極拳是心意拳，是心意導引，其他拳在形體上要隨從地球引力，發生的效應是不同的；太極拳在形體上要儘量擺脫地球引力，讓心力、氣機超越地球引力而達到輕靈，在量子力學，引力也無法確定，所以太極拳下盤的實不是形體上的實，是心意調節丹田氣機，進行一種渾圓運化的平衡。

太極腰主宰，丹田是實，是生根發源地，是氣機核心；一旦氣機足夠時定能貫通到尾閭，尾閭勁道自然發佈到腳後跟；腳後跟虛實轉化是丹田的根，如拱形橋架落地生根。

通過大腿內側足五里穴貫穿到照海穴從而生根紮地夯實，這是不倒翁的根本保證。不倒翁非純粹形體上的平衡，是丹田氣機強大與心意平衡所產生效果。

走架時腰胯、丹田、後腳跟，次第觀照「三輪兩點」的原理。三輪是指胯下橫向放鬆為一個輪，腋下橫向放鬆左右輪，兩個點為大椎、尾閭，形成太極走架的規範，依此三輪兩點的走架。下身丹田要鼓盪氣機，內固精氣守丹田，保持下身的平衡。在外圈有掤之意，八面支撐，同空氣糾纏，不離不棄。這是意氣層面推動十三勢走架，稱之為「意氣太極走架」。

太極三部曲：氣，展示出來的是勁道；意，傳遞出來的是氣機運化；神，流露出來的是虛靈圓明。

虛靈，並非意識念想所能達照，自我意識不能放空之時，每一個念頭皆為不平衡的氣機在支配，每個念頭都是「我」在妄想作亂，「我」所造成心念的不平衡，是無法達到「虛」境界。上丹田是神的走架，越往上越清揚。不論是佛家禪修還是道家丹功，都是從下丹田三角法源開始，借五行之氣，從濁到清，煉精至化氣，煉神至還虛，如是次第運行。

太極三部曲：氣，展示出來的是勁道；意，傳遞出來的是氣機運化；神，流露出來的是虛靈圓明。

虛靈，並非意識念想所能達照，自我意識不能放空之時，每一個念頭皆為不平衡的氣機在支配，每個念頭都是「我」在妄想作亂，「我」所造成心念的不平衡，是無法達到「虛」境界。上丹田是神的走架，越往上越清揚。不論是佛家禪修還是道家丹功，都是從下丹田三角法源開始，借五行之氣，從濁到清，煉精至化氣，煉神至還虛，如是次第運行。

太極走架進入神的層面如何推動內外三合？

神的層面推動太極拳運化是虛融中和氣機，不分陰陽，是屬於直覺虛靈。比如說，不小心被電觸一下，本能閃開驚嚇，稱之為直覺，超越思維念頭，超越時空。

太極走架始終離不開意念，這是自我意氣層面。上丹田太極走架，要放空自我意識，否則很難進入虛靈境界。太極前輩武禹襄、李雅軒特別強調放空自我意識。如何放空呢？人的一切念頭皆是妄念，虛靈層面的太極走化，已經屬於心性上的微妙法，只有不共竅訣引導，才有機緣能融入靈通。

初學太極拳時，看到圍觀大眾心慌意亂，原因是習性中的我慢虛榮妄念作亂，外境自生壓力，此時，若有美妙旋律的背景音樂，整體的氣機自然靈動圓活。

生命自從母體走來那一刻，對這個世界第一聲問候就是哭聲。宇宙是聲波在轉化，不同頻率聲波所轉化的時間和空間不同，所以聲波是宇宙根本內動力，也是生命的生髮之源。

佛家講六根，其中耳根是法要，耳根氣機強大，能掌控意根的氣機即上丹田的氣機，同時也是腎和命門的先天通道。佛家的耳根有雙重含義，對外一切聲音共振保任無掛礙，對內同法身相應相通相照。

人的一生，耳根始終運作，如在睡夢時、中陰期裡，耳根聞性堅固在生命中占主導地位。常言道，良言相勸，令人向善，否則墮落；真言令人覺悟轉聖，否則令人走邪路。覺悟生命，改變命運，依聽聞感悟人生，所以耳根是生命深處真理智慧的通道，具威神力。

在劇院看戲之時，若無音響效果，人心不安，為什麼呢？因為眼睛看到螢幕上的動態畫面是存在時間距離的，一旦有聲音便歸位，自然互動交感，所以說耳根氣機能夠穿越時間和空間。

在練太極拳時，本來在意識上是有很多壓力的，當旋律奏響時，會發覺人心都被音樂捲走，音樂成為心靈的牽引力，推動內外走化。如人走進村寨，寂靜無聲，狐疑不安不敢前往，突然傳來雞犬聲，頓時踏實暖樂。所以說，聲音給生命帶來的是生機，一旦聲音消失，世界死寂荒蕪。

佛家《楞嚴經》裡講到，二十五位菩薩講圓通，觀世音菩薩耳根放空保任，融入太虛清明，覺醒靈性智慧的流露，成就如來功德，千處祈請千處應，成就圓通功德。聞性頓超，應聲無住，空谷回音，無掛無礙，耳根德行直接破除自我妄念「人法二執」的心所。

太極走架，可以嘗試耳根來掌控意識，放空妄念中的自我。如同一首經典的旋律，可以穿越時空，溝通不同民族靈魂，化解歷史恩怨；如戰場上衝鋒號吹響，恐懼和壓力瞬間被帶走，自動衝鋒。其原理都是通過耳根威力來掌控自我意識。在大型音樂會上，音樂奏響，心識瞬間入音樂化境，忘卻了天和地，忘卻了自我。

走架時，追求的不是假想敵在心中的培養，目的是養身、修煉心性，讓每個當下對境遠離壓力恐懼。太極拳練的是一顆平常心，讓內在氣機更加具足和強大，內固神氣，對外界保持和諧靈動。一旦心中自我放空，假想敵自然就會脫落。原本心地善良之人，只是因為在太極走架過程中因理論上偏執，無法挑戰格鬥魔心在支配，這與初心完全悖逆，這一點定要謹慎。總之練太極走架的目的，是讓人安心、平和，心念不能放逸，遠離惡因惡果。

因此太極走架時，為了意氣層面得到虛靈昇華，務必借助耳根氣機化空自我意識，不論哪種流派的太極走架皆可體驗。

如何實現放空內心這個自我呢？唯有依耳根妙用通達了脫。

當人試圖用意識、念頭來放空，會發現這個「妄我」還是存在的，如禪宗「頭上安頭」。

比如說，國與國禮節交往放禮炮，禮炮彈在裝填，點燃後不見蹤影，只聞聲音。丹田有意氣守著，如有形有象的「禮炮彈」，在氣機運化瞬間不見蹤影，這叫放空自我；不能以「導彈」形式發出去，那是以假想敵為對境。切勿以外圈公轉吐氣推人之妄念，切勿以內圈自轉吞氣撞人之妄念，讓耳根氣機主導太極走架，如是「放空炮」原理，心識已經被耳根的氣機吞併化虛。在走架過程中，「開」儘量放小圈，「合」儘量放大圈，略微同步屏息，有利於養生、放空自我。

如放風箏，定要固守那根繩索細線，風箏在空中之際自如隨風任運。丹田氣機正如放風箏人手裡的那根線，走架時是隱形的勁道如線在牽引著；丹田若脫節，耳根虛靈走架是很難承辦的。丹田養好，內固精氣，清氣上升，虛融耳根，濁氣下降。意氣守丹田，這是屬於自我意識；把自我意識放空，就如放風箏，讓風箏先在手裡，再慢慢放出去。這是過程，是濁氣淨化清揚空靈的過程。

在走架過程中，通過下丹田氣機先坐胯圓襠，然後由會陰穴納氣，再往百會穴上升走化。

如何引導氣機化空走向呢？用耳根。

楊露禪強調心氣要依耳根背後聽聞，現在探討的不僅是背後聽聞的問題，還要進一步放空。比如丹田氣機上升脊背，如剛開始時手拉風箏線，繩子一旦上了天空，使得自我意識傳導漸漸脫落，風箏不是完全由人所指揮的，唯一要做的事情就是控制線不要「斷氣斷意」。風箏比喻有助於感悟自我意識，在走架過程中放空的體悟。

真正太極走架終極是神虛靈層面上的運化。

如摟膝拗步，公轉掤勁定要小圈圓弧走架，避免自我意識假想敵的出現，同時有利於丹田、命門、背脊對拉拔長的吐納；捋勁要大圈圓弧自轉放空。公轉重點是由胯推動，合勁道氣機，意氣化虛融合；自轉是以大椎穴與骶骨對拉為重點的中定氣機在推動。

摟膝拗步左腳跨步向前時左手也跟著出去，右手守護耳邊，須坐胯，丹田開始鼓盪，**這時候自我意識怎麼辨？如何放空？**靠自我意識調節是沒辦法的，依耳根聞性圓通氣機來推動右手展開，用聲波音流去感受，用耳根層面的「真我」進行太極走架，化空意根中的「我」；同時在形上外三合要規範，以胯的勁道和方向、對稱的間距牽引推動。

如何進行耳根聽勁走架？自我意識移至耳根深處，把心識妄念攝住。一旦心境移到耳根處，化為空靈虛融，耳根在每個當下覺知是第一剎那，心性發明顯空，無掛無礙，無根無本，虛靈圓明。

在意氣層面走架，心念起主導作用，心處總是有個「東西」放不下。現在把眼睛放空，有眼無珠，視而不見，讓耳根這個「真我」來主導走架，是進階神明的天梯。

耳根這個真我如何啟動走架？是利用「放空炮」的原理運作。

雖然手掌在開合，但心處無我無爭，小指尖瞬間放空，心念融入虛空，耳根聞性同音流交感共振同頻；在形上是有形的開合，但細處無心真空生妙有。

在虛靈這個層面進行走架時，要用耳根世界裡這個真我，不用眼睛裡的「假我」來支配，「假我」會調動意氣進行走架。入虛靈層面的太極走架，必須借助耳根聞性來主導意識，放空自我，無掛無礙、無我無爭的德行推動牽引，這樣的走架是真正意義上實現「下實上虛」的要領。如放風箏的人不能隨意走動，站在那裡紮根，風箏在空中隨風任運飄動。丹田氣機一定要伏住，心識轉移到耳根處，感受氣機如電流般的傳導，雲捲雲舒，如來如去。

當耳根把意識虛化，內外心境空靈，這叫物我兩忘的境界。物我兩忘是內境與外境合一，只有在虛靈中才能實現。前輩們強調太極拳在背後進行氣機運化，背後是不長眼睛的，但有真正神奇的隱形的慧眼，那就是耳根聞性的妙用，六根互用，圓通虛靈。

體悟二十四

太極拳走架時，掌中含虛放空，歸心平足底，無掛無礙行，合氣照海處，周身沉穩具輕靈，眉心拓寬，天真無知無我行。

二十四、耳根虛靈導引太極走架的實踐與探究（二）

◆耳根聞性主導太極走架養生，是心性上的修爲，也是太極拳相應大道圓通的終極。

耳根虛靈支配太極走架，太極真功夫不在眼睛世界裡，是在脊背和耳根聞性中產生。太極拳看得見的「實」在前面，看不見的「虛」在背後。武式太極拳特別強調物我兩忘，但物我兩忘如何「忘」？心氣安舒，外境與我等持互動，內心清明空靈。如是行，唯有依耳根聞性的妙用，才能真正意義上實現內外境圓融、虛靈，從中涵照培養心性，讓心念在每個當下對境無掛無礙，無壓力，自在自樂。

練太極走架不單在意氣方面要熟練，更重要的是進階神明相應的修身養性。用耳根的聞性推動太極進入虛靈，達到心性相應相照。太極修為煉至上丹田，利用耳根世界的「真我」，這是第一剎那的效應，這個「我」是圓滿、超然、自然，遠離造作思維，它在瞬間感知外面世界一切動靜，應聲無住，如空谷回音，因為此處是虛靈空明、智慧的通道。

由於耳根「虛」直覺的作用，在上丹田進行「神層面」的太極走架，是為心性相應相照的修行。太極走架與傳統的道家、佛家修行，是同一個主題思想；如是練太極拳，是了義究竟的歸宿，否則會徒勞枉然空過。進入太虛世界去尋找「真我」，尋找「真我」的唯一通道依耳根聞性，在耳根聞性中去走架了悟體證。

走架的過程，如何放空自我意識？耳聽為虛，用耳根「虛」的功能來顯空。進行上丹田的練法，如放風箏原理，風箏線不能斷，如果斷了，如丹田氣機脫節。郝為真把太極修煉分為：水面、水中間、水底三層面。但在水面這個層面，腳底還是貼著水，水面之上就是虛靈。走架時，如摟膝拗步，肘間要跟耳垂隨順下弧推展，相照尾閭前移，意念把耳垂下墜，眉間放鬆，鼻孔無息，如「哈」的一聲驚嚇，瞬間放空雜念心識。

用耳根聞性層面的「我」來推動走架。走架時，耳垂如一根線拉著軀幹和肢節，勁要下沉，要合住丹田。耳根是命門和丹田氣機通道竅門，放空無我，用無我來推動太極，緩慢走架，似動非動，若隱若現；下盤是勁道氣機運化，上盤是心性觀照顯空；肘要同耳垂相吸相引，耳垂下墜，中府穴放鬆，眉間拓寬，鼻孔無息，意氣歸耳根處，自然虛靈頂勁，這是極微細勁道的導引。

走架時，腋下要放空，小指尖用極微細的勁道略微旋轉牽引，耳根瞬間放空，如耳根應聲鳥鳴放空，聞到鐘聲應聲放空，聞到敲門聲放空。上身這種虛化的狀態，雖然上盤是在開合，卻是心念虛化放空。

走架中，肘尖跟耳垂對拉牽引時，手掌在胯與膝間推動開合，如中藥鋪的藥碾子，胯膝間如藥碾的小鐵槽，掌如滾輪在轉動，走下弧易合氣合勁。因為耳根氣機是腎丹田命門的氣機，耳根觀想，如雷達展開，具備接收和發射的功能，可以聽到遠近粗細的聲音。如果氣機不足，耳根便失靈，因此，一定要利用耳根強大氣機，引導意識虛化，進行太極走架；若如是行，相應了郝為真說過的水面上的那層功夫。練太極拳不單是養身，更重要的是涵照智慧明心自主。為了體悟此目標，必須要借助耳根反聞道用。

佛教裡，觀音大士用耳根聞性解脫，因為耳根可以穿越時空，如在看電影、聽音樂時，心靈瞬間穿越那個記憶中的時空隧道。耳根氣機不可思議，利用人體自身這種耳根天性來助道，令太極進入無極。楊露禪也說過，走架時形在前，意氣在脊背後。此時，耳根聽背後，這樣易把氣機引導至背後，尾閭自然正中穩「襠」。

耳根調動氣機，不是單一把意識、氣機引到背後，重要的是如何化空虛靈。如果僅僅是把氣機引到背後來，這種自我意識還在支撐著。如果按三分在前七分在後的意氣走架，這是自我意識作祟。耳根融入太極走架，是傳統太極走架以意領勁的突破。自我意識始終帶來的是不安、困惑、無奈、憂惱，融介耳根的性德，意識放空，妄念化虛，真正的主人的覺性顯現承辦，淨化身心。

走架時丹田氣機要鼓滿，丹田底下勁道氣機具足，上面顯空虛靈，全實全虛，全虛全實；肘尖和耳根要產生對拉，走下弧，比如左摟膝拗步，右手在上，左手在下，在上屬於虛，在下屬於實，尾閭前移意念托住丹田。在耳根處化空意識，即使小指間少澤穴極微細的領勁，若有若無，胯下足根穩紮，意氣微動旋轉，肘尖走下弧合胯合膝，勞宮穴含虛，耳垂要下墜；耳根如引力微波，把全身內外虛化，耳根覺知瞬間放空，如空氣電磁在運化走架。下盤一定要穩固，細細綿綿的，隱形的波在牽引和傳導著。所以依耳根導引運化走架時，定要緩慢。特別是捋勁時，如雲朵緩慢開合，又如水流圈住你無法推動狀態；軀幹肢節走化移動，由耳根來掌控，形體虛化圓融，有形化無形，變成生物磁場運化走架。

耳根聞性引導太極走架，直覺體現「虛靈」，意識自然化空，發生神變效應。把意識遷移至耳根，「自我」便能虛化。虛化不等於空無一物，如虛空不空，有空氣粒子引力等。意識心念不依耳根反聞性德是無法虛化的。意識不虛化，又如何進階神明？神明是超越自我，有自我就永遠無法觸及太虛。把心識遷移耳根，意氣神化空，天地人交感，如雲與空氣打成一片。耳根是丹田命門先天的通道。練太極拳的目的是煉精化氣，煉氣還神，煉神還虛，虛歸圓明無極，無極出生妙有大用。

用耳根聞性引導太極走架，直接調和命門丹田之間的氣機化為虛靈清明，引導主體覺性靈智的開發和妙用。所以，從有形勁道走架融介隱形氣機走架，由隱形氣機走架進階為虛靈走架。虛靈走架氣機的掌控部位是耳根、眉心和大椎穴聯通共振，眉心拓寬、耳根放空、觀照大椎穴中定點。通過這種走架方式轉化丹田氣機，從而虛融神明之秘境，出生寂靜大樂大勇大自在。

切記：合時鬆沉為意氣運化，開時為虛靈化空無我。機要處：意守大椎穴，眉心和耳根橫空虛化，同時全身心內外鬆沉、鬆空、鬆放，有淩空超然之態勢。

探究太極虛靈層面內涵，是把不共禪修法要融介太極，使太極習練者有至高至善的信念和追求，遠離武林江湖的自我狹隘，傳遞的是中和之道的信念與美德，也是天理昭然良知。

體悟二十五

太極中和的精神氣機，內淨化於心，外化於形；依耳根反聞領勁微調，是養生導引融入虛靈空明，實現身心自在相應的殊勝道。

二十五、耳根聽勁，右腦潛能主導太極高架走化

◆耳根可以掌控左腦妄念，傳導右腦本能發揮極致；同時支配太極走架，直接開顯靈覺智能。

傳統太極拳聽勁用意念觸感，勁起於腳跟，傳遞至襠部會陰，並在丹田處轉化，發佈於腰和脊背，再到大椎穴，同時內轉大包穴推動胳膊和手進行意氣開合走架。推手可以聽勁，走架也可以聽勁。太極走架用意氣，屬心意拳，用心意來領氣機和勁道進行走架。若心念不專注，意氣脫節，則不能全面顧及。現要變通意氣領勁引導方式，用不共方法耳根如磁石吸鐵效應引導，整勁化虛走架。人的耳根感應聲音是全方位的，用耳根領勁，這叫微波微調，是內外整勁合三焦氣機及意氣神。

走架橫行開胯，鬆沉游離至照海穴時，用耳根聽勁去感受察知走勁運化。為什麼要用耳根來聽勁呢？因為耳根聽勁是先天氣機虛靈涵照的，如磁石置砂子中，鐵屑整體相吸粘黏「守中定」。什麼是先天的聽勁涵照？耳朵氣機來自下丹田和命門，下丹田和命門是屬於先天的，中丹田氣機是屬於後天的，表現在左腦為意識念頭不具靈通。耳根先天聽勁，在右腦表現本能直覺的靈通作用。

人腦左右半球功能區別在哪裡？一九八一年諾貝爾醫學獎得主美國加州理工學院羅傑史培利（Roger Sperry）教授差異歸類整理如下：右腦是本能腦、潛意識腦，負責圖像化機能。包括：企劃力、創造力、想像力；負責與宇宙共振共鳴機能，如第六感、念力、透視力、直覺力、靈感、夢境等；負責超高速自動演算機能如心算，同時負責超高速大量記憶功能如速讀、記憶力。左腦是意識腦。它負責知性、知識、理解、思考、判斷、推理、語言、數位、抑制、歸納、運算、邏輯等等功能。可以概括地說：左腦是意識即念頭「自我」層面，是有限的空間腦；右腦虛靈，本能直覺「無我」空間，是無限的腦。

借用右腦太極走架指揮勁道氣機，微細玄妙調節運化。右腦是先天氣機載體，左腦是後天氣機載體，什麼是後天氣機？中丹田氣機專屬思維意識形態，是種種執著、我見、偏見、邪見、掛礙、憂惱、妄念；右腦是虛靈、智慧，超越時間和空間，表現出來是直覺神通。耳根可以將掌控左腦妄念、傳導右腦本能發揮到極致；耳根可以導引先天氣機，即命門和丹田氣機。所以說用耳根聽勁支配太極走架，可直接開發右腦的靈覺智慧。用右腦支配、用耳根聞性微調感應，可以昇華傳統太極意氣勁道的走架，導引虛靈進階神明而妙用靈通。

太極拳真正的修養應該是建立在虛靈無為中道上，用耳根聞性和右腦直覺潛能化空我慢，遠離邪見偏見，善護正念良知，怨親平等，萬法一味，每每對境心念無掛無礙，無爭、無勇、無懼、無畏，心氣慈悲善待。

太極拳的終極目標是虛靈圓明，傳統走架是通過勁道轉化為氣機，氣機轉化為心意，心意昇華到虛靈境界。什麼是虛靈？虛不是空，是超越自我意識。也就是說將左腦掌控好，令左腦瞬間停頓脫落，讓右腦起作用，人的靈覺自然展現發明。虛時內勁和外勁無差別，虛狀態時內勁和外勁不二；物我兩忘，時間和空間不二；發明微妙的靈通妙智，佛教稱之為智慧，真空生妙有，所以真正的太極神功是從虛靈中發生神變。

如何身知實現耳根聽勁呢？如磁石置鐵屑中相吸相撞合整體周身一家守中。

通過右腦帶動來開發智慧靈覺，進行太極拳更高層面的走架，這不是天書，也不是玄學。老前輩說過，太極拳最高境界是聽勁靈智。聽勁可以用耳根虛靈性德，應變如閃電。人的聞性是太虛的直接展現，也是心性流露。耳根聞性穿越時空直接達照太虛，流露出真性智慧。耳根聽勁即是用智慧靈覺，是不共修煉太極養生。用耳根聽勁也是老前輩們的不共心要，現在基本上已經失傳。如今結合禪修經驗竅訣，融介太極拳走架，以便進入更高層面的心性修養，大道同體。

陳鑫《圖說》：「以易為經，以禮為緯，出入於黃老而一以貫之以敬。內外交養，深有合於儒家身心性命之學。蓋技也，近乎道矣！」

習練者務必深明達理太極拳正道，日常為人處事以平常心、安和心、包容心、善待心、愛心支配人道正能量，究竟實現心性上的解脫。

具體要如何細化對接走架呢？

養生太極拳勁道是從背後轉化到前面，由脊背大椎穴和天宗穴構成三角勁的氣機，並傳導至前面胳膊運化；勁起於腳跟，從命門丹田轉化大包穴、大椎穴、胳膊到小指。譬如用左摟膝拗步來舉例，先抱球合氣鬆沉，用耳根氣機聽勁直接下沉到照海穴，聽勁隨從左腳邁出一蹬一踩；聽勁隨從至命門尾閭，尾閭前送坐穩後胯；緊接著聽勁隨從大椎穴，用耳朵去覺察腳後跟勁道的傳遞，從照海穴至命門、大椎穴；這時從外圈轉入內圈，聽大包穴勁道（此處關要），不用思維，姑且說即「無腦太極」。

不經大腦去打拳，雖然耳根長在腦袋上，但耳根直達右腦，耳根和眼睛是第一剎那掌控左腦的，意根是被左腦所掌控的。用右腦掌控來微調全身的氣機，用耳根相照相應右腦聽腳跟勁道氣機的運化，聽大包穴的勁道，最後聽勁小指尖時，瞬間放空如電流返回照海穴，這種放空是一種傻貌狀態，整個人從形氣意鬆空鬆放，頓入太虛空性圓明。聽勁過程中，覺察從背後推移傳遞勁道，從照海、命門、脊背、大包、肘間少海、小指少澤、腕關節陽谷和神門等穴及部位；此時雙手從兩肋間推出，並坐腕往下鬆沉旋轉下按走下弧合胯，令耳根氣機合丹田及命門，進行吐納對拉令下盤更穩，氣更加整合歸位，走到指尖時瞬間放空，一放空整體心氣就平衡，實現中和虛融；接下來其他走架如是運行。

走架時，手掌開合推出時的自我意識要化空，否則出去有「東西」，手有東西就有假想敵，收回之際悠然放空，無掛無礙。出去時要小心，用耳根來領勁。耳根領的勁是往內在化空，更能相應周天運化實現胎息，養真元天命。如果用意識領勁，氣是往外消耗，用耳根領勁氣機是內固安舒、細綿柔和、鬆淨空明、虛靈微妙，是實現內氣潛轉、中和安舒達到養生效果。蓋說用耳根聽勁進行虛實、陰陽轉化，是真正實現心性上的一種自在和超脫。

在太極拳習練過程中，把原先意氣層面走架和傳統勁道層面走架昇華至心性走架，這是實現大成就的必經之路。太極人生，相隨相伴相安必經要走的路，一道道門檻跟進，定能入室登堂見真面目，不在門外徘徊，不停留在有形的套路。用耳根聽勁，用右腦來指揮走架，形上是在外的，但氣是內養，形上是合有掤之意，但心是放空化虛清明。

在走架時要外合內開，裡面是展開放空無我無爭，用耳朵聽勁化空自我偏見和執著，妄念熄滅。生命動態中，耳根氣機是最強大的。眼睛要休息，意根也要休息，但是耳根從未休息過，不論晝夜夢中及中陰界。用這種不共殊勝的耳根的氣機，微調聽勁的訣竅主導走架，起承轉合，實現太極中和之道。

心有多細，形上便有多綿多柔。用耳根來調心，把心調得平穩，過濾乾淨，身體就透明。用耳根的虛靈來調伏妄念和假想敵，讓偏見自然脫落化空，真性現前。

用耳根聞性調心，心氣不二，心即是氣，氣即是心，用耳根虛靈來調整，讓心性達到平常圓滿，從內到外演化外形走架。心氣有多乾淨，走架就有多通透柔和。傳統太極走架終極是讓後天化空合先天，現在可以直接通過耳根聞性，用先天的「炁」機來主導太極走架，融入神明層面走架。

《論語》子曰：「志於道，據於德，依於仁，游於藝。」太極拳，是「藝」的一種，是一種修身之藝、載道之藝。習練太極拳，即是「游於藝」。

載道修身之藝依耳根性德來體驗，定要用心靜下來，用耳根來聽勁，心念平靜；聽勁小指時，瞬間放空，這樣，從有形到無形，空中生妙有，然後又開始下一式動作，就這樣重複著進行走架。

此處引用佛家一段經文旁證耳根殊妙：「爾時觀世音菩薩，即從座起，頂禮佛足，而白佛言。世尊，憶念我昔無數恒河沙劫，於時有佛，出現於世，名觀世音。我於彼佛，發菩提心。彼佛教我從聞思修，入三摩地。初於聞中，入流亡所。所入既寂，動靜二相了然不生。如是漸增，聞所聞盡。盡聞不住，覺所覺空。空覺極圓，空所空滅。生滅既滅，寂滅現前。忽然超越世出世間，十方圓明，獲二殊勝。一者上合十方諸佛本妙覺心，與佛如來同一慈力。二者下合十方一切六道眾生，與諸眾生同一悲仰。」

耳根領勁能開發智慧，讓心念在每個當下都能獲得解放和自在。耳根聞性在太極拳上的應用，同時能使得太極人外相莊嚴威儀神清圓滿。

耳根聽勁走架，是從脊背開始，首先從照海穴聽勁到尾閭，尾閭骶骨到兩側承扶穴形成三角。當耳根聽勁聽到這三個點，坐胯合勁，此時尾閭有個虹光柱頂住托起，有懸浮之意，腰胯由骶骨、承扶穴支持，耳根隨從聽勁如魚在水面追逐魚餌之態勢，上升傳導大椎穴與天宗穴成三角，用耳根細微聽勁全體全位。

耳根聞性主導，不依意氣聽勁，能達深層的周身一家，合氣合勁合中定中道中和之「炁」。此時，氣機輕靈微妙，身心內外幻化空明。

耳根聽勁走架時，形與氣綿綿柔柔，如同月影在水面上微風起漣漪，銀光粼粼，水波是整體性傳導震盪。耳根聽勁氣機圓滿全方位，所表現出來的微細勁道也是如同水面波紋漣漪，是整勁、整體共振效應，如超聲波在水中產生的一種效應，出現整體性振盪，沒有距離，開合一體；也如磁石置砂子鐵屑末中的效應。耳根聽勁的過程起承轉合和吐納，虛融渾圓的氣機正如輪胎原理：無處不虛實、無處不陰陽、無處不對拉，無處不開合、無處不合氣，無處不整體。

傳統意念走架有先後起承轉合過程的氣機調動，耳根聽勁是同步俱生，如聽百種樂器演奏同步全息，由此可見，真正意義上的周身一家是用耳根聽勁來實現。

耳根聽勁在覺察身體虛實轉化過程中，如同超聲波設備儀器在水下啟動，原本發出的那個點是實點，卻出生無量無邊的虛點並回饋轉化共振交感，用耳根聽勁也如是化成無量虛點，放大如虛空，同時產生如量子糾纏覺知效應。

耳根氣機聽勁化虛，與超聲波在水下同理。哪裡的勁道一碰，耳根本能去覺知化空，應變萬端，空靈虛明。

形上聽勁，氣機上聽勁，意念處聽勁，虛靈中聽勁，化空圓明。

太極修身走架時，儘量習練小架即高架。易令丹田聚氣，煉氣化神，直達耳根聞性妙用，令聽勁氣機強大虛化並具穿透力，同時導引右腦本能直覺顯現，使身心合體合氣大寂樂。

耳根聽勁，是太極人習練太極拳的終極竅訣，要體驗耳根聞性的重要性，不斷提高對太極思想的覺悟。

這樣走架，既有太極拳的靈魂，又有禪學修為竅訣，同時也是對人生一種全新思考，對生命深層次的探究。如果能瞭解生命的究竟，那麼無論是做人，還是做事，在每個當下都能明瞭自主，能自主是人生莫大的幸福。

體悟二十六

養生本源之太極拳走化，忘空眼前無敵，放空耳後無我，觀照脊樑龍骨如蠶蛹動爬行挪動，大椎、胸椎、腰椎、尾椎對拉牽引折疊，純陽虛靈之氣機從後背至前沿梢指端，遍佈涵照全身，虛實開合，日久定能生慧妙用。

二十六、妙用右腦智能主導太極走架

◆通過太極走架，覺知意氣神內在的運化，導引大腦的平衡，釋放心中的壓力、妄念、恐懼、憂愁和煩惱。

太極拳有低架和高架之分，低架練拳，需要有底功。如今廣場、公園太極拳者，大多數人少有基礎，因此以高架子習練為宜。如同蓋房，越小越緊湊容易建造，省心省氣；從養身角度，依習練高架為相應。

高架太極拳比低架太極拳容易些，但要注重內在氣機的涵養。用耳根領勁和微調是整體的，同步運行起中有承、承中有合、合中有開，氣機如輪胎渾然一體在運轉。

如何將耳根領勁分虛實轉化空靈？

走架過程中，左耳用於聽勁，感受身體內在的氣機變化；右耳放空；通過耳根領勁開發右腦潛能，留意身體的左側氣機運化，是因為右腦掌控著身體左側，左腦掌控身體右側。走架時儘量留意身體左側，實現左右平衡，因地球自轉慣性使然，人體偏重右側。有針對性地留意左側的掌指、胳膊等處，用耳根去關照身體左側的有關穴位：天宗、極泉、大包、承扶、足五里、照海等關鍵穴位。身體左側可以調節人的右腦，右腦的氣機是無限的，是整體空靈勁道。太極拳虛靈是右腦顯空，同時意識放空脫落。

左腦是邏輯性比量思維，為自我意識，人生一路走來總是左腦算計天地人，為了左右腦的平衡，儘量使用右腦。開發右腦時，必須利用身體左側的氣脈運化，用左耳去引導右腦並帶動全身氣機。走架過程中，用左耳有針對性地聽勁交感，右耳放空，形成耳根應聲上的虛實、身體虛實、前後虛實、左右虛實、上下虛實、裡外虛實、意氣虛實。耳根在聽勁走架過程中有極微細變化，產生的氣機是微妙的，意根的心識是粗亂不嚴謹的、放逸的，耳根的潛意識會引導出心性剎那應變。所以，耳根領勁主導氣機走架，側重是左耳來引導全身氣機的運轉。

身體的一半屬於「自我」狀態，還有另一半卻「非我」遺忘狀態。由於右側身體偏大，在人的意識形態裡，右邊應心自如，左邊反之。有資料表明，大多數人用的最多的是左腦，右腦只使用了極少一部分。通過太極走架，在緩和氣機運化過程中，調動左邊意氣神，實現身體和左右腦的平衡。

太極拳行架過程中，出現的妄動是因為身體左側無法掌控所致。用左耳聽勁，配合引導上下開合，特別是用左耳聽勁，再輔以高架習練。用耳根聽勁，從背後覺知，由命門、丹田直接發生的氣機交感，是人體深處先天的運化。耳根聽勁變通傳導領勁運化，易令太極拳習練者更加平和內斂、下盤聚氣、襠部具靈機和中定圓活。

老年人摔倒時，大都是由於左右腦不平衡引起手腳失控導致的。通過左耳聽勁進行太極走架，把身體左側的氣脈勁道鍛煉平衡。掌控左邊身體，走架容易生根平穩，加強右腦鍛煉，調節左右腦的平衡是首當其衝。大多數人過了大半輩子，使用的盡是左腦，左腦掌控的是身體右側，因此人往往隨之也就偏右傾斜。由於大腦使用的不平衡，會造成氣血的不平衡；還有左腦的過度使用，這也是引發老年人癡呆症的重要原因。

通過左耳聽勁習練太極拳，開發右腦，讓左腦休息；左腦是自我意識的支撐點，左腦得到休息，自我意識放空。在右腦上下功夫，用身體左側來調節右腦，也是開發人類智慧的寶藏。

習練太極拳，重點是如何進行身體左側的鍛煉，當觀照左耳實、右耳虛，左耳觀照，右耳放空。

在走架過程中，用左耳聽勁，十三勢走架會更自然、鬆綿柔和、清明空靈，內在心氣安舒怡和，不易受到外境干擾。右耳容易捕捉到外部資訊，從而影響內境；左耳主要是往心性內在交感，用左耳掌控氣機進行虛實走架，引導命門丹田的氣機，啟動身體左側，牽引身體右側進行虛實開合、中定平圓。

習練太極拳進入虛靈化境，在太虛空性中尋找「真我」。用左耳聽勁易進入虛靈。什麼叫虛靈？是脫落外部環境干擾，內境放空，內心遠離壓力，無我無爭、無畏無勇、清淨平等，自我意識放空。所以說，調整左腦和右腦的關係，放空自我妄念和自我意識，保持平常心，形體上鬆空、鬆合，鬆放。

用耳根微波引導命門和丹田氣機，是從內在聚氣催形開顯走架，是以中定勁道為主導，耳根背後聽勁，脊背和腰胯合氣合勁鬆沉。依耳根領勁其實是中定勁道的走架，守中和氣機，令人自如、安舒、無懼、無憂。腳下生根，眉心拓寬，心量放大，如是運化太極走架是真正意義上的高架養生之道。在行架過程的外三合有異於低架，如肩與胯合、肘如翅與大包合、掌與膝合，這樣更加合氣靈動、中規中正、身心合一、遠離妄動，中定從中分虛實，前襠實，後襠虛，中正平圓太極行。

體悟二十七

如椿功覺受主導走架，不驚動空氣外境，如慢鏡頭緩緩推動，如閑雲懸浮；耳根聽脚跟勁，依脚跟勁驅動尾閭和胯，推進全身筋脈關節開合。

二十七、耳根反聞深度微調太極拳修身走化

◆右腦掌控身體左側是虛的世界，左腦掌控身體右邊是實的一面。練太極拳是要把左腦所掌控身體的「實」一面虛化，令左右腦平衡，同時也是拳架走化不倒翁的玄機。

修煉太極之道當有返璞歸真之信念，去尋找真實世界中的真我，用先天的右腦去練太極拳，依耳根聞性去體悟。耳根瞬間可以掌控左腦，比如聞聲驚嚇，剎那一怔，左腦頓忘，右腦發生，自動出聲驚嚇「哈」或歡喜音「啊」，傻貌狀裡外放空，無「我」無念為第一剎那。

太極拳前輩們強調把意識放空，如何放空呢？

有個寓言故事說，老鼠們不聽話，偷懶的貓王派遣乖順的老鼠大臣管理鼠國，結果鼠性不改同類合機，天下大亂，於是只好順應天性法則，無奈之下貓本分守業，老鼠乖順不添亂，用意識調禦妄念如鼠作亂不服管不徹底。依耳根應聲放空，心念寂靜，右腦自然發明當用。同理禪修竅門也如是，應聲無住，寂靜明瞭，本

覺靈妙自然啟用。

如何讓右腦發生主導？用耳根聽勁調禦妄念心識，耳根聽勁啟用「從體啟用」。

左腦思維妄念休息，耳根聽勁不是聽哪裡的勁道，不是所謂的聽，是迴光返照。耳根對接右腦，聽到聲音如見圖像，見圖像如聞氣味，聞氣味如覺觸及物。不用體位變化調節鬆空，觀照耳根氣機，發佈全身，令身體虛靈化空。

耳根聞性如微波當妙用，右腦是聲音的敏感區域。耳根切近心性本體直接延伸入先天，先天是丹田的氣機。而耳根聽勁的特點，楊露禪前輩說過，耳貼背後，什麼意思呢？命門在背後，聽背後直接掌控命門氣機。在格鬥攻擊時突然的「哈」一聲，聽到的聲音能感受到整體勁道的爆發。耳根接收資訊是直接調度命門和丹田的氣機，並發佈出來，體現的是中正整勁，如鼓滿氣的輪胎，給一個力點會產生無數個反彈力點。

傳統走架用左腦意念，是規則思維；右腦反之，是時空交錯，虛化空靈，非線性的。傳統的走架是左腦在支配，所對應的右側手腳和身體前面，產生身體的勁道會過及，自我意識強；身體左側是右腦掌控的，不靈活不習慣。走架時儘量把右邊的身體觀照虛化，用左邊的氣脈進行微細的勁道轉化，直接開發右腦的直覺智慧。

耳根氣機應如何走架呢？

常人習性，眼所見之物為右腦反應，從而左腦產生執念。所以走架之際心意後移海闊天空，耳根的聽勁隨從背後，應從脊背聽勁運化，腰胯不動，若胯一動丹田氣機不具，不能到達耳根。下盤穩當時，氣機順脊背至耳根，後依耳聞微調命門和丹田氣機，左耳根轉化，右耳隨意放空。

練太極拳遠離格鬥，開發智慧，感悟人生，為人至善。聽勁過程嫻熟之後，直接通達耳根及腳後跟照海要穴，上下兩端貫穿徹底循環，同時聽勁走陰脈的內側，如電磁流動效應內斂聚氣合勁通體，中定空靈。

右腦世界無我、無時空意識。人的一生兩次右腦主導，童年天真無我，老年率真浪漫；左腦意識和右腦的潛意識時常會有交叉閃光、發明創造。左腦掌控表意識的，屬理性的；右腦掌控潛意識，屬感性的。左耳領勁走架是啟動右腦潛意識妙用運化。一般對女性來說，左耳控制得更容易，因為天性是依右腦占主導。右腦是虛化夢幻的世界，右腦出生慈母悲心，能化解人世間的一切愛恨恩怨，所以女性左耳領勁練太極拳更具優勢。

佛家經典《楞嚴經》講到，耳根聞性千二百功德。在人類發展史中，往往把生命的另一半右腦遺忘，還把右腦掌控的左邊世界也遺忘了，造成身體的不平衡。中和之道即是陰陽平衡，左右腦交感雙運。因此走架時，儘量讓身體右側少動一點，左側多動一點，多關照左邊勁道虛實轉化，儘量用左側有意識走架；右邊反之，因為右邊一動是自我意識。右腦掌控身體左側是虛的世界，左腦掌控身體右側是實的一面，練太極拳是把左腦所掌控身體「實」的一面虛化。功夫要在這裡運化，令左右腦平衡，同時也是拳架走化真實不倒翁的玄機所在。

開始走架時，左耳掌控右腦先天氣機，進行陰陽虛實轉化。先天太極走架，微波微調，用左耳根來調整調解丹田命門的先天氣機，直接進入虛融世界進行走架，牢牢扣弦左耳根的微調功能。

左耳聽勁如何運行呢？從脊背至命門，覺察至大包穴，走下弧，耳根有往下引導極微細意念的感覺，同時合胯合膝。

走架時意識遷轉左側，依耳根調和身體橫向放鬆，腋窩放鬆，胯下放鬆。耳根領勁，氣機瞬間交應，能直接啟動丹田氣機，關照大包穴的氣機轉化，走下弧，如耳根長眼睛，觀察大包開合。**耳根聽勁是用聞性的「眞我」，進行微波調和大包、極泉的氣機，進行開合歸位照海，因爲照海是丹田和襠的根，胳膊手腕相隨放空。**

耳根的先天氣機來自丹田和命門，後天中丹田氣機的接觸點是大包穴，耳根是用丹田命門的先天氣機交感中丹田運化走架。耳根聽勁時，要合到大包穴，走下弧，隨尾閭前送，把中丹田的氣機進行虛化、通化。

耳根聞性調動全身的氣機，全身的氣機源頭在哪裡？也是在命門丹田，直接借助先天頤養心性。

通過脊背氣機太極拳走化，氣機由背後發佈，耳根是脊背的眼睛，是全方位直覺的展現，直接入右腦虛融一體。右腦是生命的無限空間。練脊背太極，用耳根調動氣機進行運化，直接進入右腦的世界，讓右腦世界的「真我」現全身大用大自在，進行心性的修煉。

怒牛發強，牛鼻一牽一扭，隨從安順，同樣依耳根調伏住妄念自我，掌控根本氣機，擒住左腦的「牛鼻孔」，從而掌控命運。通過耳根聽勁，改造清靜內在心境。利用耳根聽勁放空內心世界的自我、貪欲、妄念、煩惱，讓內心處於一片淨土，無掛無礙，讓右腦發明靈性，智慧大用。

耳根掌控法身慧命，覺悟人生聞思修，依耳根反聞妙用，聽聖人一句話，立地成佛；聽惡人一句話，墜入地獄。耳根一念之差，決定人的命運，所以耳根聞性是不可思議的，它是來自生命最深處的粒子微波，直接掌控生命最深處的一種力量。

用耳根來統領整體的走化，眼睛放空，眉心舒展，身體鬆放，意根休息，氣機盡歸耳根。耳根空間無限，直接掌控身體同外界氣機同步共振交感的運化。

耳根聽勁的重點是調和大包穴、腰眼穴以及照海等穴的氣機運化。

觀照覺知命門處腰眼穴、大包穴的氣機，走架回來之際捋勁要無意隨從。因為回來「無我」，出去有「自我」，依耳根聽勁，何處覺知何處虛化靈動。耳根的神奇是虛幻世界，所屬右腦是無限、虛靈、直覺的、同宇宙引力波共振的，耳根聽勁是直接用右腦掌控神經氣脈靈機的。

耳根聽勁有個前提要求，相應走高架，五五步，如散步，輕鬆自由，優哉遊哉；一旦外形走架放大，意念便作祟。耳根調動氣機是整體的平衡，依耳根調整氣機自然發生平衡、空靈圓融。

耳根聽勁走架，七分無意順帶，三分用心耳根聽勁走化，鬆柔靈動，身心自主，內具精神氣，外形便柔綿細行，同時用耳根關照走內側下弧至後腳跟。

耳根在引導氣機走架時，表現在胯和大包穴進行微調，上下左右前後身體空間最多移動約一寸方圓為準繩，氣機盡一寸距離，否則放大之過那是形上意念。一寸是耳根導引大包穴氣機走化交感的空間。在胯上傳遞的勁道，保持一寸距離的開合，正如抱個球玩，微微轉動，下盤穩定生根基本不變。耳根聽勁導引走架變化之時，始終守中定中和，就如「球人」中正平圓。譬如起、承、轉、合走架來講。

第一步：起，是合，是納氣，鬆沉，起於腳跟，蓄勁於丹田，於大包穴鬆放，耳根氣機順內側游離、落、走下弧至照海穴。

第二步：承，開襠跨步，略微屏息，收腹貼脊背，坐胯尾閭前送意守有柱子承上，氣沉丹田，下盤鬆沉，不妄動。

第三步：開，耳根領勁，下盤中定，命門脊背發佈氣機，天宗穴合腰眼穴，耳根交感脊背氣機，推開空間放大一寸方圓勁道。

第四步：合，是合虛，橫膈膜撐開，腋下橫向兩肋鬆放內收合虛，橫向鬆沉至照海穴。

耳根聽勁太極走架，要在「實」中驅動虛化，實從虛中來。走架時，三分有心，七分無意。三分有心是指下盤丹田氣機鼓盪，前後襠變化，而上盤不能妄動；七分無意指上下虛勁整體牽引互動。耳根聽三分勁，七分勁道順帶，無心無意，隨心所欲。走架時如樁功的活步樁態勢。

耳根聞性殊勝行，無上甚深微妙法，老莊太極智慧落地生根，也是人間造化殊妙，二者相遇相融，生機無限利澤蒼生。太極拳作為人生修養心性導引術，也是國人無上福祉，今日傳統太極拳或大眾化太極拳者，皆可受用老莊太極道及佛家耳根竅訣。但願在不久將來，用太極拳修身養性，出生一股清流甘露，淨化人心，淨化環境，內外和諧圓融，國泰民安，一派祥和大氣象。

體悟二十八

太極拳內化於心如水至善，外化於形如水至柔。十三勢圓弧開合虛實轉化是全方位內外導引養生術，牽引拉動腋窩胯下筋脈合氣合勁，借形調和經絡內在陰陽二氣歸中和虛融，益智延壽是真實，遠離格鬥心術，否則心念妄詐，命運多舛，應謙讓慎行之。

二十八、大眾化太極養生的思考與探究

◆耳根引導太極養生，令感性和理性雙運圓融，同時也使內外三合同體虛化空明。

練太極拳的目的是為了養生，非純粹武林功夫，但也要有針對性拳理思想，從而更好地維護與改善大眾健身。

「大眾化太極拳」的出路在哪裡呢？當本著調和中老年人左右腦的平衡為目的，遠離癡呆，益智延壽。

每個人日常習性算計、推理、邏輯、辨別、抉擇，隨年齡漸大左腦慢慢退化，出現不敏，甚至出現癡呆症。借練養生太極拳可以通過氣機運化和觀想來調服，從而達到左右腦的平衡，這應該成為大眾化太極養生的主旋律。

如今宣導大眾化太極養生鍛煉，能有效地防控左右腦老化失衡。如果左右腦平衡，體內陰陽五行之氣同步平衡，理性和感性便能任運互調，裡外和諧。現實生活理性佔主導時，造成感性的壓制，感性薄弱，心緒混亂；感性佔主導時，理性受到打壓，理性薄弱，家庭婚姻也容易作亂。這樣經常會使家庭、社會、婚姻、

情感、工作環境變得不統一和混亂，即理性和感性不平衡。通過練太極養生鍛煉，更重要的是讓左右腦理性和感性圓融和諧，做到既理性又感性、情商和智商平衡。

太極養生定位要擺脫走架身法要求的壓力，心靈的調服、修復為根本。通過調解左右腦的平衡，用左側和背面的氣機來開發右腦，可以讓左腦減壓休息。

左腦休息如何實現呢？

這個涉及核心技術的問題，用耳根聞性來實現。耳根在感應外界聲音時，在沒有任何意識前提下，瞬間產生的聲音感應是微波，是氣機，所感應出來的氣機是強大透心的。用耳根的氣機來掌控左腦，讓右腦解放、發揮潛能，修復內心的不平衡。

用耳根聞性來引導太極走架，是禪門不共的修行法。《楞嚴經》中宣導：觀音菩薩耳根聞性的功德圓通殊勝，特別強調耳根的妙用。借助禪門智慧竅訣為大眾化太極拳所應用，讓每個中老年人得到身心的健康，同時讓感性和理性達到圓融和諧，心氣安舒。

如何實現耳根聽勁呢？

用左手小指領勁，用左耳聽勁、觀勁、化勁，即是覺察勁道、觀照勁道、虛化勁道；用左耳進行脊背、身體左側勁道如鐳射掃描般照化，通過聽勁、觀勁、化勁、感應、意念幾個環節來實現。左耳如何聽勁呢？觀照身體左側和脊背的勁道，虛化勁道，引導勁道，覺知勁道。走架時左耳根在起承轉合過程中，用意氣引進時分起承轉合。如果用耳根這個先天氣機來引導時，起中有承，承中有轉，轉中有合，起承轉合是圓融整體。用左手領勁、用左耳聽勁運化，進行左腦的掌控和右腦的釋放，這樣引導太極修身走架，可以作為大眾化太極拳的「養生導引術」。

從未練過武的太極拳愛好者，如何才能做到鬆沉呢？

鬆沉是橫向開胯，不具基礎的可以變通辦法。如果下身的胯不易鬆，上身的腋下橫向拉開，重點在於脊背的放鬆和腋下放鬆。鬆沉時要含胸拔背，肋骨鬆放，大包穴橫向展開吸納氣機。只要上身拉開，腳後跟瞬間就有一種壓迫感，這是鬆沉的效應。但不要刻意開胯、鬆腰，可以通過鬆肩膀和大包穴，橫向拓寬，腳後跟便有反彈力上頂之感。含胸是為了中丹田即中庭收回來，令中府穴放下，大包穴撐開，兩個肩膀橫向拉開，兩隻胳膊向兩側伸開，如脫臼卸開之感覺，不是單向下垂直鬆放，鬆沉後氣機傳遞至照海穴，有助於鬆腰開胯。

傳統太極走架時通常要求三七或四六開胯，如是會增加中老年人膝蓋的負荷。年齡大了骨頭沒有再生能力，加之筋脈氣機不足，儘量避免傳統太極拳的身法要求；不要因為練太極拳而把身體耗損，可以選擇五五開胯、不丁不八步，也是自然步。上身橫向鬆開時，肘尖要下沉少海穴，小指領勁，心氣橫空放大；若用大拇指領勁或中指領勁定會耗能、耗氣機傷元氣。用小指微調勁道，如撩空氣，勞宮穴放虛，肘部的少海穴下沉，收腹坐胯，合足五里穴。

中老年人應該如何走架呢？

以高架太極拳為宜，自然走步，悠閒自在。先是鬆沉，腋下鬆開，大包穴往下鬆沉，虛腿腳尖一點。比如左摟膝拗步，開胯可能不習慣，肩膀橫向拉開，自然就鬆沉，虛腿的左腳拇指用暗勁，點地旋轉開襠，同時後腳跟鏟出去移步，與右腳角度成三十五到四十五度；小於三十五度會夾襠，大於四十五度會漏襠。站穩後，左手跟著左腿膝蓋向前推動劃出，小指領勁；這時，開始左耳根聽勁，掌控全身氣機的運化，全身的氣機在命門、丹田、襠部聯通同體共振。

耳朵是先天的氣機，遠離意識妄念，耳根啟動，氣機俱生，微細覆蓋全身，順接左手小指領勁，走前襠，開步時屬於公轉，是腰胯公轉。公轉之後，不要妄動，那氣機如何運作？上下氣機不能脫節，腰胯轉動時上身不能妄動。也就是說，開胯時屬於公轉，公轉主要是腰胯，上身要慢慢跟著來，但不能同步跟著一起轉，那怎麼辦呢？因為太極拳的氣機是折疊勁、纏絲勁，是襠、胯和胸部進行一種折疊對拉內在的氣機，丹田的氣機跟胯的是反方向轉化的，左摟膝拗步丹田的氣機需要向右方向轉動即自轉走前襠。

如左摟膝拗步時，順接右手由左耳來聽勁，如何進行聽勁呢？如左邊耳根裡「長眼」，關注右手走下弧線，慢慢坐腕旋轉推出，在胯與膝區間往返轉動，相吸相照，下邊左手跟上邊右手同時交感運化。先用左手小指尖微調如撩一下空氣，整個走架過程中，整個人就如與空氣糾纏推手。左手小指尖一領勁，並用左耳根聽勁，如耳根內長眼睛，觀照右手小指慢慢領勁推出去，要緩慢，大包穴撐開鬆沉；左耳聽勁右手時，耳根氣機是走下弧，要慢慢把右手推出去。聽勁過程很重要，都是微妙心法，是觀想的一種方法。左耳猶如眼睛看著右手推出，感覺右手化虛、化空，整只手就像閃光霧化，裡外通透。把意識遷移左耳，耳根空間無限。如一滴水融入了大海，不見蹤影，就算一座冰山融入大海也是微不足道的。所以，把自我意識移到左耳根來，慢慢虛化。同時，自我意識所掌控習慣性的身體，也就慢慢虛化空靈鬆柔。轉身時兩肋撐開鬆沉，緩緩捋回，左耳休息，用右耳聽勁順帶，在空氣中不經意地順帶，如空氣中白雲走過不留痕跡，如風刮過竹林間不留痕跡。還有左右耳根也要虛實轉化。三分有心在左耳內聽反聞勁道氣機，七分無意在右耳根化空圓通的感應妙用。

傳統的太極拳最初是不具套路的，是一招一式，散手、單練、活步樁。先輩用太極、陰陽、易經的思想進行從氣脈到身體外部的揣摩，用虛勁道如一根軟繩索把幾個散手招式串起來，形成今日的十三勢套路。每個散手招式，以吐納鬆沉虛實轉化璿接對扣，貫穿全身以鬆沉轉化。傳統太極拳兩隻手在走化過程中（包括活步樁）都有虛實轉化，但是為了調整左右腦的平衡，要儘量把左腦掌控的身體右側放空，比如在做左摟膝拗步時，把右手放空；做右摟膝拗步時，要留意左手，不要留意右手，即左撇太極走架。

人生幾十年習慣了左腦掌控身體右側與正面，現在要借助身體左側開發右腦的潛能靈覺。用左耳聽勁走架時，脊背如長了兩隻眼睛（這兩隻眼睛就是左右耳根），儘量以身體左側、脊背為主導，進行虛實轉化，身體右側自然帶動。右耳朵順帶聽勁時，也不是空，裡面還是有極微細的氣機。開時用左耳朵聽勁，把妄念夢想放空，當捋回時是合虛，由右耳朵化空虛明引導。這樣走架可以令左右腦平衡，並且主導養生修身，從而遠離癡呆症的過患。

捋勁過渡轉合之際，右耳領勁放空，如降落傘在空中飄落鬆沉；掤勁開時，用左耳聽勁領勁，引發右腦天然、本能的直覺來支配身體進行走化。用右耳朵聽勁內境覺受，如幹活累了（幹活都是左腦在支配），坐在樹底下休息，突然聽聞樹上鳥的歌聲，自然感應，空谷回音，其實是讓左腦休息，回到空靈、虛明的狀態。

耳根氣機是有空間範圍的，走架時，身體移動不要超過一寸方圓，如超過，耳根聽勁微調是無法掌控的。運化時如球一樣中正平圓，不能凹凸起伏，兩手開合幅度不能過大，保持左右胯區間平行間距，並要合胯相吸相照，在胯與膝之間走化，如中藥碾子往返運作。

太極拳的靈動和神功從脊背發生，是在右腦呈現，那是一種神奇的力量。李雅軒曾說，要大鬆、大柔，目的是讓右腦走出來，放空自我意識。既然這樣，直接針對右腦進行走架，事半功倍。調節兩腦平衡來主導太極養生，這是從傳統太極拳中找到的變通竅訣，況且是沒有違背傳統的拳法思想，是曲徑通幽。

體悟二十九

太極人生三部曲，青年壯志健魄，中年明理達照，老年安心返璞；相隨相伴，不離不棄，唯太極養生之道，貼心真切。

二十九、老年人太極養生的竅訣

◆太極拳是中國人的瑜伽術，是心性展現眞善美的舞蹈藝術。老年人習練太極拳是爲國爲民，自利利他。

太極拳是優秀的傳統養生術，對太極拳進行養生推廣，是對傳統養生文化的發揚和傳播。練太極拳對身法有較嚴格的要求，對於老年人和少年兒童來說也是一道門檻，人老筋骨氣機開始退化，少年兒童則氣機筋脈不足。如何讓太極養生普及？能否量身定做一套系統化可操作的相應普及民生的太極養生法呢？

根據老年人的氣脈筋骨及心態思想實際狀態，對傳統的太極走架，可進行一種變通接軌和修正，儘量減少老年人心理上和生理上的負擔。

老年人如何走架運化意氣神呢？

人老了，首先左右腦失去平衡，左腦斷路易發生癡呆症。人的一生兩次右腦起主導作用，即童叟時期。孩童之所以可愛，是左腦自我意識淡薄，心中無我，無親疏之別；隨著年齡增大，自我意識形成思維抉擇，人生一路走來左腦大用，歲月流逝又逐漸隨之老化，發生返老還童，右腦再現作用。右腦令老年人易激動感性，追憶感懷和發呆，出現非常規現象，後輩難以理解，造成一個家庭的動盪和不安。太極拳健身，重點當是如何去養護老年人？人老心有所依，身有所靠，安度晚年，太極養生是老年人最好的伴侶。

人老了，其次還表現在心臟功能上的退化，心臟如一台發動機，有時間表。運動員過度挑戰極限會加重心臟的負荷量。人到了中年開始衰敗，所以要減緩心臟的工作頻率，減輕心臟的壓力，太極拳具有這種功效。姑且說人到老年，很常見的問題是：高血壓、心肌衰竭、冠心病等。老來苦，老來病痛是苦中苦。

老年人習練太極拳的要點當在何處？

如何讓老年人的左右腦平衡？首先是讓左腦休息，右腦啟用，修復心臟，讓心臟充滿氣機。現在科學家研究表明，心臟不僅僅是一個有形的心跳，更是宇宙大磁場直接的端點通道。心臟有兩層含義，一個是西方解剖學所表述的，還有一個是隱形的無限空間氣機的含義。老年人如何安心呢？是要強化老年人的心臟氣機，調節左右腦平衡，宣導太極養生，當要圍繞此主題確立養生之道。

如果以傳統身法鍛煉，可能會導致老年人身體二次損傷，加速骨骼的磨損。常見有些中老年人練太極拳，膝蓋損壞了，心氣堵胸口並且耗能。傳統太極拳實際上是養生導引術，如果能這樣對待認知，是一件很有意義的事，大善事。

老年人如何進行太極走架？傳統的太極拳架是有高架和低架之分，低架強調開大胯，會增加膝蓋的壓力，有一定難度。老年人走架，不必要求低架，可採用自然步法即可。武式太極拳小架是不丁不八自然步，用自身步伐尺寸丈量移動距離為准，遵循自身自然規則為根本。還有楊式小架活步樁走化也適合中老年人養生鍛鍊。

傳統太極拳以養生為本、以和為貴，以散步休閒的心態虛實走化。走架也是活步樁功，在樁功的空間範圍內進行開合運化。比如說兩隻手抱球時，根據人胳膊的長短，如同抱一個空氣球在運轉。切記：上不至鼻尖，下不過臍，左右各管一邊，伸手不過膝。勁道走下弧的手不能低於心窩，立掌坐腕與胯骨相吸相照相合，這一點非常重要，否則心處懈氣。

人老了，左腦常短路、眼睛昏花、身體不靈巧，但耳根相對好主使。走架時儘量用耳根微細意念觀照照海穴氣機的導引。比如摟膝拗步的弓步，先採用稍息步，後腿坐胯，前後腳承受腰胯的壓力而平衡；順接左耳根反聞聽勁化虛，先聽前腳照海穴（注：照海穴是陰蹺脈的原始穴，平時多按摩，可以降血壓，降虛火，強化心臟，可以強腎命門和丹田氣機）；再順接反聞聽勁時，腰胯不動略夾緊尾閭前送令腳下生根，順應做上身功夫，掌控大包穴氣機，腋窩橫向撐開，心氣橫向放空，因為地球的重力從上到下，如果從上到下放鬆，很難放鬆。

人的意念力是不可思議的，橫向意念能化虛重力的壓制，讓人在這個重力中得到輕靈。在中醫穴位上，可通過身體的經絡穴位進行養生和觀想，如同用意念在經絡上針灸、按摩。大包穴不能直接平面撐開，要肘尖旋轉撐開，如雄鷹展翅與空氣互動。大包穴可直接調整心臟的氣機，走架時肩和胯由大包穴和脊背掌控氣機走化。比如說在做懶紮衣時，不是手在比劃，是軀幹的氣機在運化，並且由胯開合推動，如雙手掌托起上身氣機運化，即胯太極走架。老年人養生不要太注重招式，心念要意會平圓和立圓的轉化，撐開抱圓中正，如熊貓抱球在玩，就會產生氣機。

不論諸流派太極拳如何走架，關注大包穴開合是心要，同時要在丹田，也就是臍下兩寸處納氣，肘暗勁如翅把大包穴含住。掤捋開合時，虛腿腳大拇指有拉扣之勁道，此處有隱白穴和大敦穴（注：大敦穴就是專門治老年人癡呆症的，因為腳大拇指那個區域就是大腦神經的反射區），順接腳後跟蹬地，有勁道導引上傳腰脊背，產生力偶，同時促成虛領頂勁效果；雙手掌在心窩兩側同胯寬，併合氣合勁守中，心氣要平胸口，以中庭穴為界限，否則心堵眉間鎖。

太極走架過程中，以左耳根聽勁為根本，以身體左側和背面的氣機為主要，達到一種左右腦平衡，同時雙肘尖定要走下弧，不是平推的，大包穴氣機合腰胯和丹田。耳根聽勁，聽大包穴氣機合丹田，不要論一招一式，借形架來牽引內在氣機實現養生效果。太極拳前輩曾經說過，太極拳是最好的修身養心的導引術，借助外形的動作變化，來達到內在氣機的運化，實現身心的健康。

如懶紮衣，捋中有掤之意，收腹令大包穴合氣，氣機到達命門脊背，後腳跟蹬地氣機旋轉鬆放，有了這種氣機勁道的身知即可。胯不動，肩不動，小指領勁有麻脹之感，用稍息步進行形上虛實轉換，用左耳根去引導氣機，用左耳根這種微細的意念去進行虛實的轉換。手掌的開合如樁功抱球進行開合旋轉，導引大包穴走下弧合丹田。

脊背具足氣機，全身便能充滿生機，老年人走架時定要讓脊背挺起來。脊背挺起來，命門的氣機發佈大椎穴，轉遞到大包穴，進行陰陽轉化開合走架。走架時儘量擺脫傳統的功夫架身法，像是在散步過程中增加了幾個動作和增加耳根放空聽勁覺知而已，在心念放空之際，自然產生導引養生的效果。

現在醫學界都在研究老年人癡呆（阿爾滋海默症）的原因，主要有幾方面：一是老年人怕孤單，又擺脫不了，只能靠回憶度日，回憶年輕時最美好的畫面而沉醉。回憶全部是右腦在起作用，易造成左腦脫節，會發呆。所以老年人不可獨處木呆，否則慢慢地就會得上癡呆症。二是老年人易感性、易激動、易發脾氣，也是導致老年癡呆症的原因。三是飲食結構上，老年人五臟六腑的功能都已經退化，飲食觀念要改變，不需要過多飲食，儘量控制。

一旦老年人癡呆，心臟易突發病變，會令子女們煩惱不安，所以說老年人的健康關係著一個家庭的和諧，關係著國家和民族的和諧。從人性生存角度上分析，病殘弱者會被遺忘，生存環境空間也會暗藏危機。當今社會面臨的是老年人的問題，老年人的問題又是健康的問題。只有腦健康了，心臟健康了，生活環境自然才會安定祥和。

如果說老年人終日停留在追憶和懊悔中，內心會越來越陰暗，氣血會淤積，易發生病變，所以老年人更要活在當下，不要再回憶曾經的是是非非，放空內心的執著和憂惱。老年人要練好太極拳，首先要走出過去歲月的幻境，不要停留在追憶幻覺中。太極拳的主要動作，比如說起勢、攬紮衣、摟膝坳步、單鞭、雲手、野馬分鬃等主要動作，是最好的氣脈陰陽導引術，上下開合，左右開合。老年人練太極拳不一定要整套練下來，適應太極拳套路裡的幾個動作即可，重複多練這幾個動作即能養生。其實練太極拳主要的目的是借這幾個動作練內在氣機的平衡。一旦左右腦平衡了，心臟自然就健康了，不會躁動，不會有妄念，也不會有過多的追憶和懊悔。

老年人習練太極拳，定要從傳統的武術功夫格鬥觀念中擺脫出來，以養生為本，合氣安心；不走低架，雙手如抱著個球在玩，重點在腳下，老人腳不靈，易摔倒。

老年人太極走架要點：一者留意大包穴、照海穴、脊背大椎穴，耳根聽勁，眉心拓寬；二者耳根反聞聽勁聯通右腦，右腦是聲音世界，是直覺潛能的世界。

不僅老年人要這樣鍛煉，少年兒童也該如是鍛煉，用左耳根聽勁，聽腳下世界氣機變化。這裡的聽是指反聞觀照，從穴位上深度微調，是耳垂後翳風穴、小魚際、照海穴三點一線，進行平圓立圓運化開合；同時眼神隨從兩胯走化，捋合之際靈動自如，掤開之際涵照垂簾兩胯處歸照海穴，如觀水中秋月，清明空靈，無我無物，聚神合氣，心安氣和形柔，腳下生根合氣合勁。

年輕的父母望子成龍心切，通常按傳統的功夫架要求孩子走架，這裡面可能會留下一些後遺症：一是孩子沒到青春期，丹田氣機還不具足，經脈骨膜不成熟，用功夫架鬆腰坐胯進行走化，又要拉筋，易造成隱形的傷害；鬆腰開襠坐胯，硬撐，到時候胯骨可能會磨損，膝蓋也會損壞變形。二是孩子不懂氣機心意，只是在模仿動作、模仿氣勢，如輪胎未具氣，一碰到硬的東西就會爆裂，所以少年兒童練法如老年人一樣，不要增加身法氣機的壓力，不必按照傳統大人那種身法來要求，要遵循身體自然法則習練太極拳。

太極養生在推廣過程中，老年人、少年兒童走架時，儘量避開傳統功夫架的要求，以圍繞調心修身養性，開發智慧為主題。老年人要放空妄念，心中無我，天下無爭，無畏無勇。少年兒童進行太極拳修身走架時，內心要充滿愛心。切記：天下父母，切勿告訴孩子一招一式攻擊格鬥技能，本來天真之心，因灌輸格鬥思想後，孩子內心可能會充滿敵意，有自我敵人而充滿了殺氣，從而惡念逐漸生根，內心深處易陰暗狹隘，當以太極中和圓融的思想，去引導孩子走架，讓孩子的內心世界充滿愛和包容。

以上文辭造句雖依邏輯法則，但雖盡心懷真意無聲的傾訴，唯有平心祝願：天下老年人和少年兒童，善護心念，在心處擁有一片藍藍的天空，遠離陰暗，出生暖樂的祥雲與智光，生機無限！

體悟三十

太極走架煉氣為本，心氣不二，調和氣機即伏住妄念，化空顛倒夢想。直趨虛靈真我，獲得心性在六根前，念念大自在，大安住。

三十、養生太極拳大眾化的原理和機制

◆太極拳十三勢是內在意氣神的導引術，通過有形的拉筋和意念導引、吐納、屏息，調和內在氣機的陰陽平衡。

太極拳融入了傳統的儒家、道家和佛家的思想，經過長期實踐驗證已成為人們心目中優秀的養生方法。太極拳的中和思想內化於心，讓人平心寂樂，外化於形，讓人的行為安柔隨順。

時至今日太極拳已大眾化，有傳統練法、普及練法，還有競賽套路練法。不論以何種理念解讀，終究離不開太極拳中和原理。太極拳如何走架心性相應，才能起到更好的養生效果呢？

武術鍛煉，在外是筋脈筋骨強化，在內練丹田一口氣，吐納來培涵氣機。從裡至外，從形架至運氣是一體的。身體是有形的心氣，心氣是無形的身體，裡外都是通透圓融。

走架過程中形上靠筋脈拉撐，通過有形來調節內在氣機運行。太極拳十三勢，走架過程不同開合的弧線在虛實轉化。走架過程分上盤和下盤，上盤是胳膊圓圈弧線的轉化，傳遞的是中丹田的意氣；下盤是胯虛實的變化，鼓襠、圓襠、坐胯、

尾閭正中，是調節下丹田的氣機運化。從整體上說，上盤和下盤是環環相扣、整體旋轉的。在具體的走架過程中，如何更好地讓上、下盤合氣合勁，可以借助身體核心部位進行針對性鍛煉。

練太極拳要依中和思想，內化於心，改變人的觀念。中和思想，「中」是中道的意思，不執著兩邊，是圓融和諧之意，展現的是內勁和外勁整體圓融聯通的關係。莊子提出的太極中和思想可以汲取融通，在為人之道上，表現出來是一顆平常心、包容心、善待心、無分別心；「和」是隨順安柔，無分別、無執著。

走架過程中，依中和思想內化於心，如水至善，外化於形，如水至柔。外三合要安柔相隨，與內在意氣相融相照，如近水垂柳，風動即動，風停即停，安柔相隨。內三合如水至善清涼意，水是無形，隨環境化萬形，如是內練一顆水心、外練水形。太極拳十三勢，八法五步，有起勢、掤、捋、擠、按、采、挒、肘、靠，前進、後退、左顧、右盼、中定、收勢，每一勢依中和圓融和諧的思想去運化，同時結合吐納導引令丹田的意氣神入道體。

太極拳十三勢是內在意氣神的導引術，通過有形的拉筋和意念導引、吐納、屏息，調和內在氣機的陰陽平衡，故稱之為丹田氣機的導引術。

太極走架時理順上盤和下盤關係，上盤的氣機是指中丹田的氣機，在身體上的核心地段是腋窩處，此處極泉穴掌控開合抻圓，分為捋勁和掤勁，也是中定勁道運化的根本。掤勁是抻圓拉筋，捋勁是鬆放舒展，一緊一鬆，掤是緊、是外合，捋是鬆、是內空，直接展現太極走架的運化態勢。

上盤的動作，在轉化過程是集中導引拉撐腋下的筋脈，導引中丹田意氣神。中丹田運化的目的是令上中焦氣機回歸下丹田圓融一體，使之內氣潛轉。

上盤在掤捋時，一開一合要關照腋下氣機。掤，定要抻圓外合，捋，定要舒展放空，始終要圍繞腋下氣機開合導引。

橫膈膜的呼吸，腋下如風箱鼓動，吸時鼓氣屏息，腋下撐開如鼻孔吸氣至中丹田合下丹田。太極拳練的是意氣神，是中丹田和下丹田的氣機內在運化的展現，其原理雷同汽車內燃機做功，由內氣能驅動外車輪滾動，同理走架是依內氣催外形，通過上盤腋下氣機傳遞至肘間和手掌，下盤同理運化開胯虛實走化，牽引命門丹田和襠。

走架時，如摟膝拗步，蓄勁分虛實腿，前面的腿稱為「虛」，腳大拇指撐起合胯內旋，開襠圓襠，尾閭正中前送。胯下如拱橋展開自然鬆沉，丹田聚氣潛轉。腋下兩肋啟動橫膈膜同步開圓舒張，驅動中丹田氣機合下丹田。在開襠時配合吐納屏息，腳大拇指撐地後跟提起，坐前胯、裏後胯是非常重要的。

走架時用暗勁，從大腿內側傳遞至胯下，橫向撐開，是整勁。虛腿腳大拇指撐地，開胯圓襠，鬆沉至照海穴。鬆沉的時候不能前撲跪膝，要立身中正脊背筆直，上身胳膊大包穴撐圓不斷地吸納，如輪胎充氣撐圓，姑且稱之為渾圓勁道產生的原理機制。納氣同步，腳大拇指大敦穴和隱白穴點地撐起。大敦穴歷來被認為它是靜心安神要穴，恢復神識，強化的心力的穴位，隱白穴和大敦穴，直接調控大腦，使讓人清明，虛靈頂勁，所以腳大拇指直接啟動中丹田與下丹田，交會折疊潛轉當妙用，產生整體虛勁道。

太極拳從虛中求，虛腿表現集中點在腳大拇指對地的撐勁，產生反彈力，這種暗勁上傳胯下，開胯圓襠，產生整體虛勁，穿透周身聯通。虛勁即暗勁是整體的屬於母體的勁道；實勁即明勁是局部的，屬於用的。在做摟膝拗步時，定要蓄勁合虛放空，再進行虛實轉化。虛勁是太極拳的核心，走架過程中定要做到位，虛勁道是渾圓靈動的，並且是橫向放空。

下盤的虛勁，由開胯、圓襠、鬆沉、尾閭正中，丹田鼓氣綜合展現的勁道，傳遞至命門和脊背。走架時氣沉轉合，吸納屏息，整體橫向撐開，流露的意念微勁道是渾圓勁道，是含蓄的。左摟膝拗步時右手走下弧旋轉，易壓縮丹田氣機如同內燃機做功。橫膈膜就如氣囊，吸氣進而壓縮，然後爆炸產生高壓氣能，要走下弧，最好從肋骨外側推出去，同步脊背命門往後移動，這屬於明勁道運化。

背後的勁道如何產生呢？虛腿前左腳後跟一蹬，產生反彈勁道並通過膀胱經直接傳到命門腰眼，立身中正豎起脊，尾閭大椎對撐產生力偶，這個過程是把丹田的氣機轉換為命門勁道，稱之為明勁道，傳至脊背，繞過大包穴化為虛並回到丹田。切記：養生太極拳走架，立圖勁道，盡量化為平圓和斜圓的運化，不能讓勁道從大椎穴向下直接穿過胸腔，會造成心臟的壓力，嘴唇發紫，心慌口乾不如法，心理急躁不安，好鬥爭勇，當應從天宗穴順肋兩側邊緣繞過，至胳膊和肘間，鬆沉走照海穴，合腰眼往後坐胯，同步立掌轉腕走下弧，右邊手的勞宮穴儘量含虛，小指微領勁，左手定要合左胯。太極拳低架外三合是肩與胯合、肘與膝合、手與腳合，高架外三合主要是練內氣涵養為根本。在外三合上與低架有略同之處，肩和胯合是根本，導引中丹田和下丹田氣機合一，同時也是會陰穴和極泉穴內在氣機的合，順中用逆氣機歸丹田。肘尖與大包穴合，肘是牽引大包穴進行開合的一種轉化，同時要立掌坐腕，陽穀穴和神門穴，同膝蓋垂直相應，此三處同時觀照、相吸、相合。腕立掌要和膝蓋相合，開合時，始終在胯和膝蓋間距運行，如藥碾子轉動，來去自如。胳膊和掌的平行間距，要守中，依胯的間距為准，各管一邊一半，左手合左胯，右手合右胯，相照虛實開合。太極拳的下盤氣機表現出來是命門腰眼氣機和胯的勁道。胯根在驅動身體走架時，如斯巴魯小汽車，水準對置發動，丹田正如內燃機，產生高壓氣能，通過胯平圓如推磨運化從裡至外直接牽引推動走架，胯的氣機直接來自命門和腰眼虛實轉化，所以太極走架由胯而帶動全身盤架走化，如水浮托似船的上盤（肚臍眼帶脈以上）進行互動化運；胯又如方向盤由後腳跟固勁，左右平圓各轉一半，左胯合圍圓弧推移右胯，右胯合圍圓弧推左胯，順逆前後襠虛實轉化。同步坐後胯尾閭前送時，勁道氣機如水流漩渦，向下鬆沉合虛含蓄，週邊上升有掤之意；又如拔浪鼓握把轉動，兩側綴有彈丸輕靈甩動。高架特別講究中定，所謂的中定是不需要更多變角齒輪轉換的一種氣機轉化，直接由命門傳遞勁道。盤架時守住尾閭大椎中定軸，由內在開合走化，中定平圓，內氣潛轉。

太極走架過程看見的是形，看不見的是內在氣機的運化。剛習練太極走架時，要留意套路動作中規中矩，熟練以後，往氣機深處去揣摩，動作是助導引牽引內在氣機更加歸位，實現內養真氣。老子所謂「虛其心而實其腹」，上盤如虛空，下盤如大地，肩胳膊兩肋鬆放，胯立承載一切，同時把中丹田的濁氣下降、清氣上揚，滋養心性，培養神明，濁氣下降至丹田鼓滿，修真鍛煉；把上丹田的氣機淨化成光明，再度清氣上揚，通過命門滋養百會神明，產生虛靈頂勁。通過太極拳十三勢，五步八法導引內在氣機，以中和思想淨化心氣，讓人至柔至善。

太極拳整個走架過程中，依太極的中和思想，結合十三勢的開合原理機制導引氣機，實現頤養心性，強化筋脈的養生之道。特別在今日太極拳普及時代，太極拳十三勢應該在養生這方面發揮更大作用，儘量遠離格鬥術暗示和教授，讓大眾在鍛煉養生時受益，遠離疾病苦厄。

走架過程中的吐納，納是合，吐是開，開時要走小圓圈，納時走大圓圈。納時儘量把氣機鼓滿，它是渾圓勁；開的時候立圓勁道，胳膊移動的位置空間儘量縮小，否則橫膈向前擠壓，不利心氣安舒，長期以往，衰損心體，要以謙讓之心，如作揖行禮之狀，身體後移脊背具氣對拉，勁道至肘間即可，同時耳根聽勁，耳垂後翳風穴對著小魚際，相照相應。否則心裡會有壓力，出生假想敵。太極拳修為要釋放心中的自我臆造出來的怨敵，心念正道。在走架時，要割捨放空自我，裡外和諧圓融。心念要正確，否則雖然無意冒犯傷害外境。如果心念架構與中和思想不相應，心念是因，念不正，所感召的果亦非正果。如何安其心，如何練其拳，要正念靜慮，以中和思想，無我、無畏、無敵、無爭、和諧圓融，相照相應。中和思想在人與人之間流露時，是慈悲心，是愛心，是包容心。

太極拳在走架的過程中，捋勁氣機走大圓圈，儘量舒張，氣機鼓滿丹田並要鬆沉，吸氣平臍，拉筋，令人延年益壽。十三勢其根本是養生之道，依有形的身體筋脈拉抻，弧形抱圓轉化來調柔內在陰陽氣機的平和，頤養心性，自主自立，遠離妄念煩惱是非顛倒。所以說人生修行終極是自在人生，讓內外環境和諧圓滿。

感悟點滴

一、至善至柔至剛，從身心意氣勁走架，遠離格鬥術，走向無我無欲無為的中和養生太極，積德行善，利國利民。

二、養生術太極拳離不開性命內循環，即陰陽氣脈及要穴的天然本然養生之道行，無我禪心，中和虛靈走太極，正因、正行、正果。

三、太極玄機，腳下根本、虛腿靈動、暗勁運化、氣機圓活、陰陽五行、中和平衡、養身益智。

四、太極拳走架核心，腳下生根，女膝穴、照海穴明暗勁道出生，托起胯盤，承載上盤脊背胳膊。胯盤如大地運化承載一切，上盤如虛空清明靈動，渾圓一氣。

五、虛中暗勁是體，實中明勁是用。開時虛中來，合時虛中去，即虛中靈動，如來如去，無掛無礙，運化自如。虛中走架，虛中化空，虛中明覺，是太極之精髓。

六、太極氣機，唯有澄心沉淨而覺受，絕非手腳動作技巧能敲開。太極大道無非禪門心境，非口頭玄妙自醉自欺。

七、無我禪心，中和虛靈走太極，正行，正因，正果。

八、中和不離明覺虛靈，非陰陽，非物我。內圈暗勁歸心氣，化空自我；外圈明勁走架轉矛盾，暗耗神傷。

九、虛太極走架是以養生為根本，任脈氣機歸位丹田，陰陽轉化至中丹田化中和之氣。

十、《金剛經》暗藏太極真密境，化空還虛無形無我，歸無極中和，非二元非一元，非我非物，越時空歸真空生妙有。

十一、太極走架心意在脊背，關注腰眼處；氣機含蓄兩肋及大包穴，耳根翳風穴合，易趨外中定、內中和。

十二、太極拳是雙刃劍，安好心守正念修中和練好拳，反之傷身耗神亂心性人不安，中規中矩放空假想敵，遠離意像中爭鬥好勇，調心和氣隨順安柔，相應相照太極之道體。

十三、地靈人傑，太極武魂，日月承載；中正人格，心和形柔；國術圭臬，全民運動；休養生息，陰陽互根；萬法細行，通體圓融；鍛造真實，物我一元；孝道普賢，道之本體。

十四、中定平圓走高架，下盤鬆沉意氣催胯輪轂轉，承載上盤虛實一動一靜轉半圓。核心要處在胯盤，如大地平穩承載一切物，上盤猶如虛空幻變殊妙行。

十五、太極走化，用心留意處為實，反之為虛。雙肘尖勁道定要分明，一實一虛內旋內扣內轉，拉動橫膈膜，強化大包氣機，降伏心氣妄動歸先天，空其心實其腹。

十六、太極走架與禪修不二細行，一念一世界，如來如去，如夢如幻，無掛無礙，足根一動當下一念物我兩忘是中定。

十七、過於追求套路的複雜多變，只能離大道越來越遠。練太極拳要少點套路，多點智慧。

十八、太極無上大法堂，虛實轉化中和定，傳遞人間真善美，萬般世事皆圓融。

十九、太極拳走化，眼根是智慧靈光之視窗，隨從順應胯根開合轉換，任運自如；眼神涵照如觀秋水印月，清明空靈悠閒，自然出生中正、中定、中和之態勢。

二十、太極身法，走架化勁，根本養氣，中和陰陽，安心自主。

二十一、眉間空，心無我，中和圓，人為貴，精氣神，三寶聚，內丹成，天地閑，自在主。

二十二、太極氣機如鼓氣輪胎，處處對拉，處處虛實，點與面整體，即無處不虛實、無處不對拉、無處不平衡。

二十三、真氣中和本為養，心中無我眉間寬，太極走架對境空，圓活有趣樂天然。

二十四、太極行拳，脊背中正是根本，眉間拓寬是心要，耳根領勁是善巧，翳風、照海、小魚際三處相吸相應，定然出生渾圓之道炁。

二十五、腳大拇指走架虛勁：點、扣、轉、旋、懸，氣機由太陰經厥陰經大敦穴、隱白穴及照海穴掌控，暗勁虛靈周遍養身。

二十六、走架氣機從脊背兩肋發佈，上盤重疊胯盤，合氣合勁同步，脊背如雙扇門守中軸單開關，動靜虛實推移走化，小指如針尖衝天畫地領勁，大腦放空清明，如蝸牛爬行盤架，神明覆蓋涵照，鬆沉合照海穴。

二十七、大敦穴，自古以來被視為鎮靜及恢復神智的要穴。走架過程虛腿腳大拇指，點上暗勁直接運化大敦穴氣機，養肝護肝強筋骨。

二十八、太極一招一式走架，若以平常心無我無敵，去習練合虛中暗勁支配全身氣脈枝節，即涵養身心性命雙修，中和氣機圓融，物我兩空；若以我慢心走架，充滿矛盾敵我，心氣陰暗壓抑扭曲，一路走來滿臉殺氣，自殘自滅，謹慎之。心地「因」一錯，身、形、意、氣、勁，慢慢把自身加工成冷兵器，自我陶醉，自我戕害，慎行戒之。

二十九、虛太極走架是養生根本，任脈氣機歸位丹田，陰陽轉化至中丹田化中和之氣。

三十、養生太極走架離不開經絡穴位、雙向氣機的導引以及丹田命門的吐納和明暗勁道的轉化。

三十一、太極內圈走架虛腿領勁是根本，推動開合，內扣對拉拔長及內氣潛轉階及神明，否則外圈走架只能在氣勁形上轉。一切鬆沉蓄勁以虛腿中求，否則實腿缺少靈動而氣滯。

三十二、心氣平衡，頑石當立，中定妙用，化勁空靈。

三十三、脊背太極氣機，後八卦扇骨天宗穴直接運化膏肓要穴，出生養生益智延壽。

三十四、中定者非動非靜也，心念心氣中道，物我兩空即不二。

三十五、太極走架之際，形正，氣和，心安，格物明理，達照人生，天地任道然。

三十六、逢進必轉，逢轉必沉，全身放空有掤圓之意，是走架規則規矩。前者即腰胯勁道公轉，同脊背勁道自轉產生螺旋對拉、拔長氣機、虛實轉化的效應，利中丹田合下丹田。後者是合虛，氣機歸下丹田，收小腹斂氣入骨，同時勁道鬆放入照海穴進行陰陽轉化。

三十七、足根勁分陰陽即明暗勁，照海穴上來為暗勁，易使足五里穴合胯，同時與脊背產生反方向纏繞勁道氣機。

三十八、有形的太極走架，出生無形的意氣，意氣歸位，中和無為空心處，空心非空出生靈覺光明，靈覺圓明非禪修無奈何。

三十九、走架虛腿過渡轉化時，如摟膝拗步，後膝蓋不要過腳尖並且不可過沉重（此處會忽略），要暗勁輕靈為準，怕日久傷膝蓋。

四十、太極拳功夫在捋勁，捋勁功夫虛腿，下盤腰胯平圓弧形如推磨，上盤脊背胳膊立圓斜圓如球轉，全身意氣圓活更靈動。

四十一、走架虛實轉化如鐘擺不離中定虛線，虛中來，虛中去。

四十二、腰脊中正的作用如拳論說：「脊骨要挺則力達四梢，氣鼓全身。」利於氣血暢通。脊背是督脈氣血的總匯，是臟腑精氣腧穴而相互貫通，故說脊背太極行氣走架是修身養生的根本。

四十三、太極心意在脊背，氣機含蓄兩肋及大包穴，易趨外形中定、內心中和。

四十四、練中定勁道的太極走架，能兌現家庭和睦，又是長壽的秘密。美國有兩位心理學教授積二十年的研究發現：影響壽命的決定性因素中，排第一名的是「人際關係」。他們說，人際關係可能比水果蔬菜、經常鍛煉和定期體檢更加重要。人際關係不僅包括和朋友的關係，還包括和家人的關係。因此，家庭和睦、與朋友相處愉快是長壽的秘訣之一。

四十五、真正的太極拳形在外、氣在內，細微緩行，形調氣，氣養心，心養人，人整形，形合氣，氣明心，智慧現前大妙用。

四十六、太極修身正道，心氣細行，一曰一人生，一念一天地，一行一太極，智慧明心照大千。

四十七、調架根本在於調勁道和氣機，體驗勁道和氣機是根本，要多用腦，多長心眼，遠離枯架。

四十八、太極中和圓融，一勢一菩提，一步一蓮台；茶道清涼意，一葉一世界，一味一天地。

四十九、太極中和修養為本，和為貴。武式太極拳足下生根即丹田有根是心要，照海穴具氣感，後跟觸地點，沉重麻脹為接力反彈，推動腰胯脊背緩緩走架。腳下太極是根本，感覺足根勁滿滿的反彈力推動腰脊走架，合氣合勁，上虛下實。

五十、我們要做的是繼承規矩走架和體驗基礎勁道，太極精神經驗無終極無定論，唯一能做的是要靠自己一生的努力且要安心去體驗感悟，如孩童成長過程自然覺知。

五十一、太極的「鬆」，不是抽象的，也不是籠統的，一般是指身體外圈的筋、骨膜、肌腱、韌帶等有形組織的結構，要鬆空鬆放鬆柔。鬆空鬆放鬆柔使內圈具氣（合），但不能洩氣，並且潛轉運化生根推動外圈走化（開），內合外開即是鬆狀態。

五十二、太極行功吐納是根本，中和氣機圓活從中培，綿綿細細長長貫全身，個中來去玄機須探究，形體勁道用意暗銷魂，嗚呼太極行人徒枉然。

五十三、太極中和，善護愛語，無我無爭，圓活有趣，平心處無我無敵，虛實運化，後根勁道當下一念，真太極。

五十四、太極拳終極嚮往的神功，依丹田熱能出生靈覺大妙用。融入寶瓶氣和拙火定，化勁神機靈動，二者不離不棄相融相照。勁化氣，氣化光，光化靈，靈化覺，覺化用。

五十五、太極茶藝原本中和之道，太極行法是動態茶藝，茶藝是靜態太極行法。一動一靜合陰陽虛實之道，茶道不離太極，太極粘黏茶道，兩種傳承文化纏綿對撞，閃光明耀豐富多彩。

五十六、缺失真善美靈魂的太極拳永遠是徒步拳腳而已，太極拳譜終究是在傳遞格鬥思想。嗚呼，人心不正我慢貪嗔恚，終難入中和之道；人生一來一去，夕陽西下，枉然徒勞空悲切！

五十七、太極吐納陰陽二氣不離經絡要穴，全身化空幾要穴成網狀，意氣運化走架易入中和之道。物我一元，中和之道，太極周遍，處處皆美。

五十八、走架之時，三分在前，七分留意在脊背，細行細心觀照脊背氣機走化是根本；否則被拳架如牛牽著鼻子走，是無主的，是沒有任何意義的。

五十九、太極如來，如夢如幻，無掛無礙，當下中定。日常細行，當頭一念，心無壓力，天真平直。

六十、每每一事，若降伏心念安住當下，此時覺知力若能放大，原本不能覺知的內我開始放空清明，便能覺知身體氣機運化，也能覺知內心念頭的幻變，一切法爾如如，無生無滅，寂靜。

六十一、脊背太極氣機的運化是養生之道的根本導引術，依中定勁道的小架走化是根本途徑。

六十二、走架時，兩胯內側及會陰處儘量留意放空放鬆不留餘勁，丹田氣靈動，下盤及足跟更穩更柔更合。

六十三、《內經》言：智者察其同，愚者察其異。走架之時遠離套路的複雜多變性，否則悖逆中和之道。借形煉氣，煉氣知心，所以少複雜套路，細行覺知身心渾圓微妙之變化，靠的是明師體驗的思想境界和自身的領悟。

六十四、套路是用來悟拳的，沒聽說練個套路就可成武術家。套路的產生是一個拳術發展到成熟階段的產物，是初創者身體技術的載體和展現。由於初創者的性格、對技術的理解、時代背景的認知以及個人的悟性和理解層次等因素，形成了初創套路的風格特點。

六十五、腋下懸空，胯下懸空，走架之時腋胯無絲毫夾緊拉急之感，氣機自然綿柔安和。

六十六、聰明不一定有智慧，但是智慧一定包括聰明；聰明的人得失心重，有智慧的人則勇於捨得。真正的耳聽是能聽到心聲，真正的目明是能透視心靈。

看到，不等於看見；看見，不等於看清；看清，不等於看懂；看懂，不等於看透；看透，不等於看開。

六十七、心要：∩型胯下氣機柔和輕靈走架，無絲毫拉掣夾緊之感，腋下也如是。

六十八、太極拳上身的轉動是靠胯骨的提、塌、裹、翻來催動的，胯骨運化是由虛實腿後跟的蹬和腳大拇指撐的反彈勁所牽引，啟動開襠圓襠同步橫隔舒張掤圓合氣。肩胯相合實際上是肩胯通過後背的大筋合一起，是天宗穴同腰眼穴合氣合勁發生。胯骨的提、塌必然導致人的上身以脊柱為中線，分成左右兩側的起、落、相錯對稱力偶而發生運化驅動。

六十九、太極拳內化於心，如水至善；外化於形，如水至柔。十三勢圓弧開合虛實轉化是全方位內外導引養生術，牽引拉動腋窩胯下筋脈合氣合勁，借形調和經絡內在陰陽二氣歸中和虛融，益智延壽是真實，遠離格鬥心術，心念妄詐，命運多舛，謙讓慎行之。

七十、每每太極走架，不同時辰心念，陰陽氣機所轉化催形幻變不定；若是千篇一律一模式，非真太極也。

七十一、太極走架追求的是中正平圓，中正的勁道是胯下的勁道的調和運化；平圓的勁道是腋下勁道的調和運化。盤架走化過程是胯下勁道和腋下勁道相吸相照，表現出來是腹部和脊背的肌肉腱拉抻疊壓舒展。

七十二、太極拳十三勢，掤開捋合氣機是根本。掤為立圓，捋為平圓，二圓氣機勁道如長河水川流不息，運化潛轉虛實歸中和。

七十三、仰止「無我無畏，無畏無爭」之信念，知心練拳，知心養生，知心修身。

七十四、實踐「平常心」的體用，如水至善、至柔、至剛，虛實運化，中和圓融。

七十五、太極走架，周身合氣，耳根聽勁，微妙空靈，應聲無住，聞性頓超，梢指化勁，任運萬端。

七十六、周身一家，動靜全體，提放全體，根處照海穴氣機一動一提，立掌五指同步相照相應；五指梢尖一靜一放，瞬間交感足根，氣機歸位，足根手五指通達圓通無掛無礙。

七十七、養生太極培元為本，武式太極拳高架著重為意氣圈運化，非外形過度走化，否則枯竭心氣，心腎不交損壽命。

七十八、丹田之氣為生命原動力，太極養生不離吐納涵照；上盤心意主導虛靈空明，下盤勁道氣機主導圓襠真氣潛化，否則心動氣亂真元暗耗。

七十九、陰蹺脈原穴照海處，為全身氣機勁道機關大聚會。照海穴一動，如電流啟動丹田命門真氣，通身滿貫勁道氣機；小指端如觸電，又指端一放，如回流電瞬間導向照海穴歸位元，通靈達照，周身一氣如球人帶電。

八十、陰蹺穴照海處腳下太極氣機無極根；心意一照，太極生，道氣發佈通身陰陽分；全身走化，左右前後一半行，餘半分身不關礙，氣機靈動真虛實；梢指鬆放陰蹺吸，一返一往歸無極。

八十一、太極拳進階神明，足下置心一處，陰蹺運化踵吸吐納，開合之根本；丹田之竅是耳門，反聞涵照主導是靈機，大道至簡，陰蹺耳根是法要。

後記

《寓見太極》一書作者通過《太極》微信公眾號平臺編輯牽線與我認識，我們同在《太極》微信公眾號發表了一些有關太極拳的文章，互有好感。二〇一八年十一月三日，應誠意邀請於玉蒼山見面，並體驗左耳根聽勁反聞走化內功的效果，確有獨到之妙。

作者在微信公眾號平臺發表了《妙用右腦智能主導太極走架》《耳根反聞深度微調太極拳修身走化》等佳作，受到了太極拳愛好者的關注和好評。雖說有部分人會看不太懂，這是練拳層次上的理解認識問題。我也看過其他拳師寫的兩篇文章，同是以耳聽勁，練法相比起來還是作者本人的左耳根聽勁的層次高，且耳根聽勁走化還具「周身一家」整勁的靈動。太極前人樂幻智，是把禪修內功練法較好地融入太極拳，也是把佛家元素較好融入太極拳的一個先例。我認為，左耳根聽勁反聞走化的內功心法與練法，不拘哪個流派的太極拳，陳式、楊式、吳式、武式、孫式等太極拳的習練者都可參考。然而實話實說，我認為左耳根聽勁反聞走化的內功心法與練法，倘若沒有一定的鬆沉鬆軟之腰腿功夫和走架推手的基礎，也難真曉其內涵和在身上練出那種功夫。不過只要心不急，不貪，虛心誠意沉下來一點一滴的習練，肯定會有收穫的。

史料考證，傳統太極拳是吸收了多元文化的國家級非物質文化遺產的成果。

比如：太極拳以「和」為其主旨，一個「和」字卻將三教的道理概括殆盡。太極拳的不丟不頂、舍己從人思想，與儒家的克己無私、佛家的無我隨緣、道家的自然無為思想如出一轍。

《寓見太極》書稿整理完畢不久，拜讀大作後有驚喜，有啟迪，更有共鳴。覺得該內容較為系統，有說基本功練習的，有講行拳走架的，有談推手的。又因其本人堅持禪修，把禪密文化元素融入了傳統太極拳，文筆流暢，拳理清晰，拳法明瞭。作者為書稿耗費了極大的時間和精力，文中多次強調「大眾化」，就是期望不同階層、不同年紀、不同性別的人們能從該書中受益，從太極的難學難練難成中解放出來。尤其是作者身處佛門心系大眾，尤其是熱衷中老年身心健康人，想方設法讓他們從養生出發把太極拳習練得相應，更好一些。《寓見太極》一書即將面世發行，更是作者心善意誠積善德之體現。

謹為後記。

陳雄於廣西欽州市

二〇一八年十一月二十二日

附錄

一、書中涉及的人體正面主要穴位及位置說明

一、百會穴：位於頭部，髮際正中直上五寸或兩耳尖連線的中點，具體見書中涉及的主要穴位手繪圖一。

二、印堂穴：位於前額部，兩眉頭間連線與前正中線之交點處，具體見書中涉及的主要穴位手繪圖一。

三、中府穴：位於胸部，橫平第一肋間隙鎖骨下窩外側，前正中線旁開六寸，具體見書中涉及的主要穴位手繪圖一。

四、膻中穴：位於前正中線上，兩乳頭連線的中點，具體見書中涉及的主要穴位手繪圖一。

五、大包穴：位於側胸部，腋中線上第六肋間隙處，具體見書中涉及的主要穴位手繪圖一。

六、神闕穴：位於腹中部，臍中央，具體見書中涉及的主要穴位手繪圖一。

七、丹田：丹田有上中下之分，上丹田為督脈印堂之處，又稱「泥丸宮」；中丹田為胸中膻中穴處，為宗氣之所聚；下丹田為任脈關元穴，臍下三寸之處，為藏精之所。一般指代關元、氣海、石門等有關穴位的總稱，具體見書中涉及的

主要穴位手繪圖一。

八、足五里穴：位於大腿內側，當氣衝直下三寸動脈搏動處，具體見書中涉及的主要穴位手繪圖一。

九、血海穴：位於大腿內側，髕底內側端上兩寸，股內側肌隆起處，具體見書中涉及的主要穴位手繪圖一。

十、照海穴：位於內踝尖直下一寸或內踝下緣正中凹陷處，具體見書中涉及的主要穴位手繪圖一。

十一、隱白穴：位於足大趾內側，趾甲角旁開零點一寸，具體見書中涉及的主要穴位手繪圖一。

十二、少海穴：位於肘橫紋內側端與肱骨內上髁連線的中點處，具體見書中涉及的主要穴位手繪圖一。

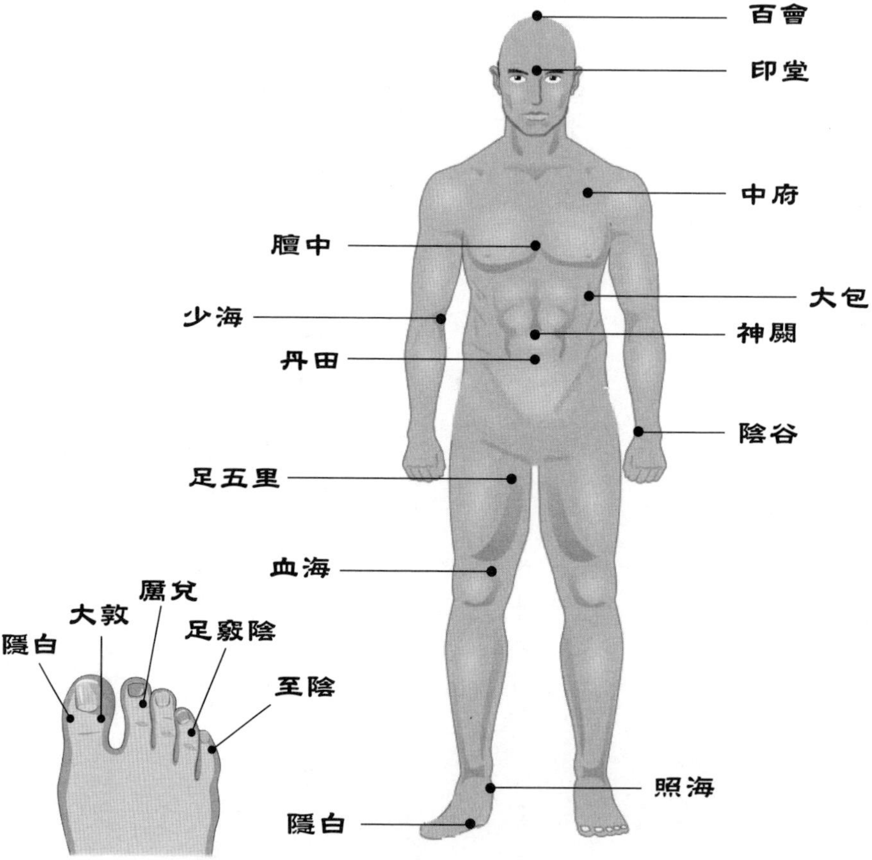

▲書中涉及的主要穴位示意圖一

二、書中涉及的人體背面主要穴位及位置說明

一、翳風穴：位於頸部耳垂後，乳突與下顎骨之間凹陷處，具體見書中涉及的主要穴位手繪圖二。

二、大椎穴：位於背部第七頸椎棘突與第一胸椎棘突之間，約與肩平高，具體見書中涉及的主要穴位手繪圖二。

三、肩井穴：位於肩胛區，第七頸椎棘突與肩峰最外側點連線的中點，具體見書中涉及的主要穴位手繪圖二。

四、天宗穴：位於肩胛岡中點與肩胛骨下角連線上三分之一與下三分之二交點凹陷中，具體見書中涉及的主要穴位手繪圖二。

五、膏肓穴：位於人體背部第四胸椎棘突下，後正中線旁開三寸肩胛骨內側，具體見書中涉及的主要穴位手繪圖二。

六、命門：位於腰部，後正中線第二腰椎棘突下凹陷中，具體見書中涉及的主要穴位手繪圖二。

七、腰眼穴：位於腰部第四腰椎棘突左右三～四寸的凹陷處，具體見書中涉

及的主要穴位手繪圖二。

八、尾閭：位於尾骨尖與肛門中點，具體見書中涉及的主要穴位手繪圖二。

九、承扶穴：位於腰部第四腰椎棘突左右三～四寸的凹陷處，具體見書中涉及的主要穴位手繪圖二。

十、承山穴：位於人體的小腿後面正中，委中與昆侖穴之間，當伸直小腿或足跟上提時，腓腸肌肌腹下出現的尖角凹陷處即是，具體見書中涉及的主要穴位手繪圖二。

十一、女膝穴：站立位，足跟上提，位於足後跟正中線的赤白肉際處，按壓有痛感，具體見書中涉及的主要穴位手繪圖二。

十二、陽谷穴：位於手腕尺側，當尺骨莖突與三角骨之間的凹陷處，具體見書中涉及的主要穴位手繪圖二。

十三、少澤穴：位於小指尺側指甲角旁零點一寸，具體見書中涉及的主要穴位手繪圖二。

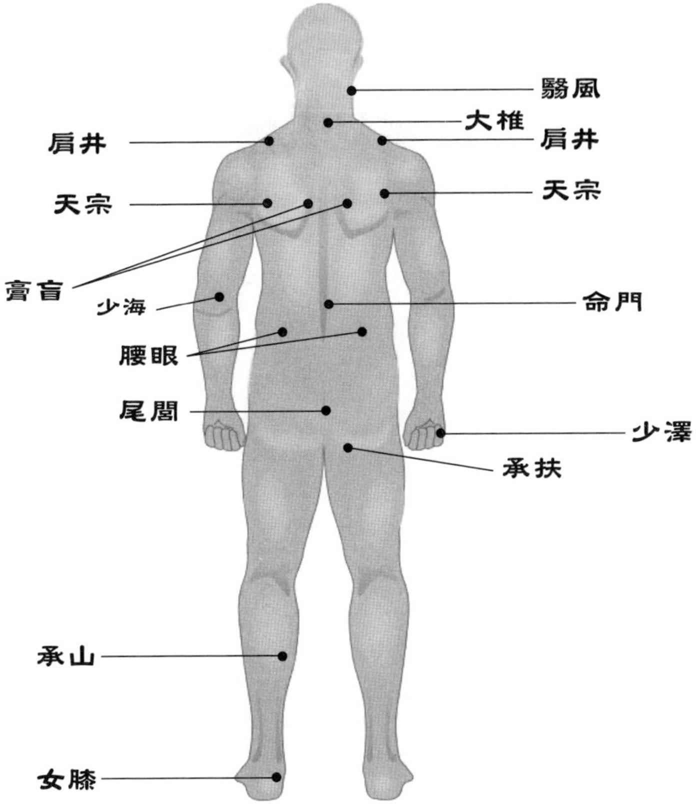

▲書中涉及的主要穴位示意圖二

國家圖書館出版品預行編目資料

寓見太極 / 謝作松著. -- 初版. -- 臺北市 : 博客思, 2019.11
面 ;　公分
ISBN 978-957-9267-29-8(平裝)
1.太極拳 2.養生
528.972　　　　108012493

醫療保健6

寓見太極

作　　者：謝作松
編　　輯：陳勁宏
美　　編：陳勁宏
封面設計：陳勁宏
出 版 者：博客思出版事業網
發　　行：博客思出版事業網
地　　址：台北市中正區重慶南路1段121號8樓之14
電　　話：(02)2331-1675或(02)2331-1691
傳　　真：(02)2382-6225
E—MAIL：books5w@gmail.com或books5w@yahoo.com.tw
網路書店：http://bookstv.com.tw/
https://www.pcstore.com.tw/yesbooks/
博客來網路書店、博客思網路書店
三民書局、金石堂書店
總 經 銷：聯合發行股份有限公司
電　　話：(02) 2917-8022　　傳 真：(02) 2915-7212
劃撥戶名：蘭臺出版社　帳號：18995335
香港代理：香港聯合零售有限公司
地　　址：香港新界大蒲汀麗路36號中華商務印刷大樓
C&C Building, 36,Ting, Lai, Road, Tai,Po, New,Territories
電　　話：(852)2150-2100　　傳真：(852)2356-0735
授權者：方圓電子音像出版社　ISBN：978-7-83011-292-9
出版日期：2019年11月 初版
定　　價：新臺幣330元整（平裝）
ISBN：978-957-9267-29-8